부부관계 수업

부부관계 수업
MARRIAGE RELATIONSHIP CLASS

서로의 성향을 이해하고 배려하며
행복한 가정을 만드는 방법

정다원 지음

모티브

✦ *Prologue* ✦

서로 다른 우리가
함께 사는 법

사랑 그 너머, 결혼이란 무엇일까?

결혼한 지 6개월도 채 안 된 신혼부부가 상담실을 찾는 일이 부쩍 늘었다. 연애할 때와는 달리 결혼을 하면 자연스럽게 주변 사람들의 관심과 기대가 커지면서, 그 과정에서 크고 작은 불편함을 겪는 경우가 많다. 과거에는 결혼 후 찾아오는 변화와 어려움을 참고 넘기는 것이 당연한 일로 여겨졌지만, 요즘 부부들은 자신의 감정과 상황을 소중히 여기며 더 나은 관계를 위해 조기에 해결하려는 경우가 많다. 신혼여행을 다녀온 직후나 결혼한 지 한 달도 채 되지 않아 상담을 요청하는 일도 이제는 드물지 않다.

상담을 하다 보면 '결혼이란 무엇일까?' 하고 자연스럽게 질문을 던지게 된다. 어떤 이는 '같은 곳을 바라보는 것'이라 하고, 누구는 '서로 다른 시선을 인정하며 살아가는 것'이라고 말한다. 희생, 동반자, 성장, 의지, 지지 등 결혼에 대한 다양한 관점이 존재한다. 모두 맞는 말이다. 서로를 의지하며 함께 성장하고, 언제나 지지해주는 동반자가 되어가는 과정이 바로 결혼이다. 결혼 생활의 의미를 구체적으로 살펴보면 세 가지로 정리할 수 있다.

첫째, 결혼은 서로의 보호자가 되어주는 일이다. 결혼은 단순히 사랑하는 사람과 함께 살아가는 것을 넘어 서로의 보호자가 되어야 한다. 여기서 보호자는 단순히 법적 보호자만을 의미하지 않는다. 배우자가 힘들어할 때 누구보다 먼저 곁을 지키고, 마음을 다독이며 지지해주는 심리적, 정서적 보호자가 되는 것이 중요하다. 혼자였다면 감당하기 어려운 상황도, 배우자가 함께 있어 주는 것만으로 큰 힘이 될 수 있다.

서로를 보호한다는 것은 상대방의 약점을 감싸주고, 어려움 속에서도 서로의 편이 되어주는 것이다. 사회생활을 하다 보면 부당한 일을 겪거나, 예상하지 못한 일로 마음이 상할 때가 있다. 그럴 때 집에 돌아와 배우자에게 기대고 싶은 마음이 드는 것은 당연한 일이다. 그런 마음을 편안하게 받아주고, 아무 말 없이 곁에 있어줄 수 있는 사람이 바로 배우자다.

보호자라는 말에는 책임감도 담겨 있다. 건강이 나빠졌을 때 돌봐주는 것, 정서적으로 불안할 때 곁을 지켜주는 것, 모두 보호자의 역할이다. 부부는 서로를 지키고 감싸주며 삶의 어려움을 함께 이겨내는 존재다. 서로의 보호자가 되어줄 때 결혼 생활은 더욱 깊고 단단해진다. 나아가 보호자의 역할은 서로를 온전히 받아들이고 존중하는 마음에서 출발한다. 서로의 약점과 한계까지도 받아들이고 품을 줄 아는 태도가 결혼 생활을 더욱 풍요롭게 만든다.

둘째, 결혼생활은 어른이 되어가는 과정이다. 결혼은 단순히 누군가와 함께 살아가는 것이 아니라, 성숙한 어른으로서 살아가는 훈련의 연속이다. 어른이란 감정을 조절하고, 욕구와 욕망을 다스릴 줄 알며, 약속을 지키고 신뢰를 주는 사람이다.

결혼 생활을 하다 보면, 감정이 격해지는 순간이 찾아오기 마련이다. 사소한 말다툼이 큰 갈등으로 번지기도 하고, 서로의 차이를 받아들이기 어려운 순간도 있다. 이럴 때 어른다운 태도가 필요하다. 감정에 휩쓸리지 않고, 자신의 마음을 건강하게 표현할 수 있어야 한다. 부부 사이에서도 말과 행동을 통해 서로에게 안정감을 주는 것이 중요하다.

또한, 사람마다 크고 작은 욕구와 욕망이 있지만, 그것을 그대로 표출하기보다 스스로 다스릴 줄 아는 것이 어른스러움이다. 결혼생활에서 자신이 원하는 것만을 고집하다 보면 배우자와의 관계가 금세 틀어질 수 있다. 따라서 자신의 결핍을 인식하고, 그것을 건강한 방식으로 채워가며 욕구와 욕망을 조절하는 노력이 필요하다.

결혼 생활에서는 수많은 약속들이 오간다. 일상 속 소소한 약속과 말로 주고받는 다짐들을 행동으로 보여줄 때 신뢰가 쌓이고, 부부 관계가 건강하게 유지된다. 작은 일이라도 약속을 지키려는 태도는 신뢰를 쌓는 가장 기본적인 방법이다. 어른다운 사람은 이런 신뢰를 바탕으로 관계를 유지하는 사람이라는 것을 잊어서는 안 된다.

셋째, 부부는 서로에게 득이 되는 관계여야 한다. 결혼은 단순히 함께 살아가는 것이 아니라, 서로의 삶을 더 단단하고 풍요롭게 만드는 과정이다. 부부는 한 집에서 생활하는 경제적 공동체로서, 둘이 힘을 합쳐 경제적 기반을 다지고 함께 성장해 가는 것이 중요하다. 혼자 살 때보다 조금 더 넉넉한 공간에서 살아가고, 생활에 필요한 것들을 갖추어 나가는 변화는 단순한 소비를 넘어서 두 사람이 함께 쌓아가는 삶의 기반을 의미한다. 중요한 것은 더 크고 더 좋은 것을 갖는 데 있는 것이 아니라, 서로의 삶을 지탱해주고 나누는 과정 속에서 안정감과 여유를 함께 만들어가는 데 있다.

이를 위해 서로가 경제 공동체라는 의식을 가지고, 생활 전반에 걸쳐 책임과 자원을 함께 나누려는 자세가 필요하다. 다만, 경제적인 성장은 저절로 이루어지는 것이 아니다. 과소비 습관이나 무리한 투자, 사업 실패 등으로 인해 오히려 상황이 악화되는 경우도 있다. 부부가 함께 경제적 리스크를 인지하고, 소비와 투자에 대해 서로 충분히 상의하며 균형을 맞춰가는 노력이 반드시 필요하다. 물론 결혼 생활에서 경제적 기반보다 더 중요한 것은 심리적 안정과 행복감이다. 함께 있으면 외로움이 사라지고, 즐거움과 만족을 느낄 수 있어야 한다. 사랑이라는 감정으로 시작한 결혼도 시간이 지나면 익숙함 속에서 표현이 줄어들기 마련이지만, 의식적으로 사랑을 표현하고 서로의 감정을 돌보려는 노력이 필요하다. 특히 사랑받고 있다는 느낌이 중요한 사람에게는 이러한 심리적 만족이 더욱 결정적이다. 결혼은 서로 다른 두 사람이 오랜 시간을 함께 살아가는 여정이다. 단순히 경제적인 득을 넘어서, 서로의 삶에 힘이 되고 일상에 따뜻함을 더해주는 관계여야 한다. 서로에게 긍정적인 영향을 주고받으며 함께 성장해 가는 것, 그 과정이야말로 결혼 생활을 오래도록 건강하게 이어가는 핵심이다.

   결혼은 단순히 사랑만으로 이어지는 관계가 아니다. 서로의 보호자가 되어주고, 어른으로서 책임감 있게 살아가며, 경제적·심리적으로 서로에게 도움이 되는 관계를 만들어가는 것이 결혼의 본질이다. 부부는 함께 살아가는 동안 끊임없이 성장해야 한다. 함께 웃고, 함께 울며, 때로는 갈등을 조율하고 다시 일상을 이어가는 반복 속에서 결혼 생활은 더욱 깊어지고 단단해진다.

   지금 나는 배우자에게 어떤 도움을 주고 있는지, 보호자로서 어떤 역할을 하고 있는지, 나는 어른다운 어른으로 살아가고 있는지 스스로 점검해보아야 한다. 이 과정을 통해 부부는 서로를 더 이해하고, 더 나은 방향으로 함께 나아갈 수 있다. 결혼은 끝없이 이어지는 대화와 상호작용, 그리고 함께 성장해가는 여정이다. 두 사람이 서로에게 힘이 되고 든든한 동반자가 되어가는 그 길이 바로 결혼이라는 이름 아래 이어져야 할 삶의 모습이다.

W.N.P.M 심리 성향 체계로 배우는 심리와 소통 전략

부부는 누구보다 가까운 사이지만, 그만큼 더 자주 다툰다. 사소한 말투 하나, 생활 방식의 차이, 감정 표현의 방식까지 모든 것이 오해로 번지기 쉽다. 사랑으로 시작한 결혼생활이 반복된 갈등 속에서 지쳐갈 때, 우리는 왜 이렇게 서로 안 맞는지, 배우자가 도대체 왜 그런 행동을 하는지 고민하게 된다. 그 질문의 실마리를 찾고자 다양한 심리학 이론과 성향 테스트를 공부하면서 깨닫게 된 것이 있다. 사람도 자연처럼 각자 고유한 리듬과 기질을 지니고 있다는 점이다.

이러한 통찰은 한 부부를 상담하며 더욱 선명해졌다. 감정이 섬세하고 풍부한 아내는 마치 호수 같았다. 상대의 말 한마디에 쉽게 흔들리고, 작은 변화에도 마음이 가라앉았다. 반면, 남편은 삭막한 사막을 떠올리게 했다. 넓고 건조한 풍경처럼, 감정보다 일과 효율을 중심으로 살아가는 사람이었다. 필요한 만큼만 표현하고, 실용적인 것에 집중하며, 감정에 쉽게 흔들리지 않았다.

이처럼 두 사람이 함께 살아간다는 건 마치 서로 다른 기후대에서 온 자연환경이 부딪히는 것과 같다. 감정의 결이 다르고 삶의 기준이 다르니, 서로를 이해하는 데 어려움을 겪을 수밖에 없었다. 이러한 상담 사례와 경험들이 축적되면서 'W.N.P.M(World, Natural, People, Mind)' 심리 성향 체계가 탄생했다.

'W.N.P.M' 심리 성향 체계는 단순한 성격 유형 구분이 아니다. 사람은 누구나 저마다의 고유한 리듬을 지닌 존재다. 누군가는 평온한 호수처럼 안정감을 추구하고, 누군가는 활화산처럼 에너지를 분출하며 살아간다. 사막처럼 독립적이고 효율성을 추구하는 이도 있고, 지중해처럼 정서와 감정이 풍부한 사람도 있다. 이 성향 체계는 각기 다른 삶의 흐름을 이해하게 돕는 틀이며, 특히 부부 사이에서 반복되는 갈등을 새로운 관점으로 바라볼 수 있게 해준다.

부부의 갈등은 결국 다름에서 시작된다. 머리로 생각하고 행동하는 사람, 가슴이 먼저 반응하는 사람, 일단 행동부터 하고 보는 사람. 이런 내적 흐름이 다르기 때문에 말이 통하지 않고, 속도가 엇갈리고, 감정이 상하게 되는 것이다. 많은 부부가 말한다. 정말 이해하려고 애썼지만 도무지 이해가 되지 않았고, 그래서 결국 '저 사람은 틀렸어'라는 결론에 이르게 됐다고. 하지만 진실은 그것과 다르다. 틀린 것이 아니라, 단지 다른 리듬을 가진 존재일 뿐이다.

성향을 안다는 것은 나를 이해하는 것에서 시작된다. 그리고 나와 다른 타인을 이해하는 열쇠가 된다. 이 책은 바로 그 출발점에서, 부부 사이의 반복되는 갈등을 풀어내고, 서로가 다름을 이해하며, 함께 살아가기 위한 기술을 익혀가는 여정을 담았다. 자연처럼, 성향이 다른 개인도 각자의 방식으로 아름답다. 서로 다른 둘이 함께 살아간다는 건, 조화와 성장의 또 다른 이름일지도 모른다.

이제 그 출발점에 서서, 나와 상대방의 심리적 리듬을 이루는 성향의 세계를 하나씩 살펴보자.

행동이 먼저인 사람들 - 장형 성향

W.N.P.M 심리 성향 체계는 인간 내면의 작동방식을 행동 중심(장형), 감정 중심(마음형), 사고 중심(머리형)으로 구분한다. 누구에게나 이 세 가지 요소가 모두 존재하지만, 사람마다 특정 한 영역이 더 주도적으로 작동하며 성향의 뿌리가 된다. 그중 행동 중심 성향, 즉 장형은 먼저 몸이 반응하고, 말과 행동이 빠르게 튀어나오는 유형이다. 장형에 해당하는 성향이 바로 소금산과 활화산이다.

소금산 성향은 한마디로 '예의와 기준의 사람'이다. 행동이 빠르고 부지런하며, 무엇보다 예의범절을 중요하게 생각한다. 자녀를 키울 때도 '예의 바른 아이'로 자라길 바라고, 인사 하나에도 예민하게 반응한다. 본인은 상대에게 좋은 태도를 알려주는 것이라고 생각하지만, 듣는 사람 입장에서는 잔소리로 느끼기 쉽다. 이처럼 소금산은 자기만의 기준이 명확하고, 그 기준에 따라 타인을 판단하는 경향이 있다. 그리고 그 기준에 미치지 못하면 실망하거나 비판한다. 관계를 좋게 이어가기 위해서는 이들이 중시하는 예의와 질서를 존중하고, 무엇보다 '기본을 지키는 태도'가 중요하다. 말보다 태도, 내용보다 형식이 더 큰 신뢰를 만드는 것이다.

활화산 성향은 에너지와 감정의 폭발력으로 움직이는 장형 성향이다. 행동은 빠르지만, 그 동력은 '화'에서 온다. 감정 조절이 어려워 표정과 말투에 화가 그대로 드러나고, 예고 없이 감정이 표출되기도 한다. 본인은 이유가 있다고 생각하지만, 주변 사람들은 수시로 표출하는 감정에 긴장과 피로감을 느끼고 상처 입는다. 이 유형의 사람들은 자기 감정을 명확히 표현하며 강한 에너지를 전달한다. 명령하듯 말하고, 자신의 뜻을 따르는 사람은 '좋은 사람'으로, 그렇지 않으면 '문제 있는 사람'으로 여기는 경향이 있다. 집안에서는 말 한마디로 분위기를 바꿀 수 있을 만큼 영향력이 크고, 리모컨을 쥐는 사람일 가능성이 높다. 자신을 '뒤끝 없는 사람'이라 생각하지만, 이는 어디까지나 자기 기준에 따른 인식이다. 비난을 받은 후 감정을 오래 품고 예민하게 반응한다.

소금산과 활화산은 같은 장형이지만 그 방식이 다르다. 소금산은 질서로, 활화산은 감정의 에너지로 관계를 움직인다. 이들의 공통점은 행동이 빠르다는 것이다. 생각보다 말이 먼저 나오고, 감정보다 표정이 먼저 드러나며, 판단보다 실행이 앞선다. 이러한 성향은 부부관계에서 종종 상대의 말을 들으려 하지 않고, 자기 기준과 감정대로 밀어붙이는 태도로 나타난다.

장형과의 갈등을 줄이기 위해서는 먼저 그 빠른 행동의 배경에 무엇이 있는지 이해해야 한다. 소금산은 기준을 중시하기 때문에, 무례하거나 비상식적인 태도에 민감하다. 활화산은 감정의 기복이 크고, 자신의 리듬을 존중받지 못할 때 화를 낸다. 중요한 것은 이들의 화가 단순히 성격이 나빠서가 아니라, 그렇게 반응하는 에너지의 구조가 있기 때문이라는 점이다.

장형과 함께 살아가려면, 이러한 에너지를 억누르려 하기보다는 그 흐름을 이해하고, 그들의 기준을 존중하며, 필요할 땐 멈춤과 여백을 만들어 주는 관계의 기술이 필요하다. 그래야만 장형의 빠르고 강한 에너지가 부부 관계 안에서 지배가 아닌 조화로 작용할 수 있다.

감정으로 반응하는 사람들 - 마음 중심 성향

사람의 행동에는 이유가 있다. 누군가는 머리로 계산하고, 누군가는 몸이 먼저 움직이지만, 어떤 이들은 무엇보다 먼저 마음이 움직여야 비로소 행동할 수 있다. 이들을 우리는 감정 중심의 사람, 마음형이라고 부른다.

W.N.P.M 심리 성향 체계에서 마음형에 해당하는 성향은 호수, 사막, 지중해이다. 이들은 서로 다른 방식으로 감정을 경험하고 표현하지만, 공통적으로 내면의 감정 흐름이 외부 반응을 결정짓는 구조를 가지고 있다. 특히 부부 관계에서 감정 중심 성향은 섬세함으로 관계를 이끌기도 하고, 반대로 오해와 상처를 초래하기도 한다.

호수는 감정 중심 성향의 정수라 할 수 있다. 이들은 한 사람의 온전한 사랑을 삶의 중심에 두고 살아간다. 마치 해가 떠야 호수가 빛나듯, 자신을 따뜻하게 비춰주는 존재가 있어야 비로소 빛나고, 그 사랑이 흐려지면 삶 전체가 흐릿하고 스산해진다. 이 성향은 외부 환경과 타인의 말에 크게 영향을 받는다. 날씨가 흐리면 마음도 흐려지고, 무심한 말 한마디에 하루가 무너질 수 있다. 그래서 '세상이 나를 힘들게 한다'는 말을 자주 실감하며, 마음이 상하면 한없이 가라앉는다. 감정의 깊은 수렁을 지나고 나면, "지하 몇 층까지 내려갔다 온 것 같다"고 표현하기도 한다. 또 내면을 자주 들여다본다. '나는 왜 이럴까', '나는 누구지', '지금 뭐 하고 있는 걸까' 같은 자문을 반복하며 정체성과 존재에 대해 고민한다.

감정의 높낮이가 크다 보니 자주 우울감을 느끼고, 스스로 우울증이 있는 것 같다고 말하는 경우도 있다. 하지만 이는 병이라기보다, 호수라는 성향의 자연스러운 리듬일 수 있다. 이들에게 필요한 것은 판단이나 충고가 아니라, 이해와 안정, 그리고 따뜻한 햇살처럼 비춰주는 단 한 사람의 사랑이다.

사막은 감정 중심 성향 중에서도 독특한 방식으로 감정을 표현하는 유형이다. 이들은 스스로를 머리형으로 오해하고 살아가는 경우가 많다. 사막형은 머리형처럼 보일 수 있으나, 실제로는 감정의 흐름이 삶의 방향과 행동을 결정짓는다는 점에서 감정 중심형으로 분류된다. 행동의 동기가 감정에서 비롯되지만, 그것이 '일'이라는 구조를 통해 우회적으로 표현된다는 특징이 있다. 이들은 '일'을 중심으로 살아간다. 늘 무언가를 해야 하고, 멈춰 있는 것을 못 견딘다. 그래서 열심히 걷는다. 끝없는 모래밭을 걷는 사람처럼, 스스로를 채찍질하며 살아간다. 겉으로는 합리적이고 효율적인 사람처럼 보인다. 시간을 중시하고, 자기 시간을 낭비하는 사람에게는 강한 반감을 느낀다.

하지만 이들은 감정의 상처를 인식하지 못하는 마음형이다. 타인의 말 한마디, 반응 하나에 상처를 받아도 그것을 감정으로 인식하기보다, 그냥 '기분 나쁘다'고만 정리하고 지나간다. 그러다 보니 감정이 쌓여도 풀지 못하고, 결국 감정이 막히거나 차단되는 경우가 많다. 또, 사막 성향의 이들은 일머리가 좋은 경우가 많다. 하지만 '집안일은 일로 보지 않는다'는 함정이 있다. 회사 일은 철저하게 처리하면서, 살림이나 육아는 일로 여기지 않기 때문에, 배우자가 느끼는 불공평함과 무시는 깊은 갈등으로 이어질 수 있다.

지중해 역시 감정 중심의 성향이지만, 호수와는 다른 결을 지닌다. 호수가 특정한 한 사람에게 깊이 감정을 쏟는다면, 지중해는 주위의 많은 사람과 사랑을 나누고 감정을 교류하는 데서 삶의 의미를 찾는다. 베푸는 것을 좋아하고, 상대가 원하지 않아도 스스로 돕고 싶어 한다. 이들은 '도움을 주는 것 자체'에서 기쁨을 느끼며, 그것을 삶의 원동력으로 삼는다.

문제는, 이들이 도움을 주는 데는 익숙하지만, 도움을 받는 일에는 어색함을 느낀다는 점이다. 도움을 받는 순간 빚을 지는 듯한 감정이 들기 때문에, 누군가의 호의를 온전히 받아들이는 것이 힘들다. 또한 이 성향의 사람들은 '섭섭함'을 자주 경험한다. 자신은 끊임없이 주고 있다고 느끼는데, 상대가 그만큼의 반응을 보여주지 않으면 마음 한 편에 서운함이 고이기 시작한다.

지중해와 함께 사는 사람은 종종 혼란을 느낀다. 겉으로 보기에는 헌신적이고 따뜻한 사람처럼 보이지만, 막상 가까이서 함께 지내다 보면 숨이 막힐 만큼 부담스러운 순간들이 찾아온다. 지중해의 사랑은 따뜻함을 품고 있지만, 때로는 그것이 과도한 관심으로 느껴지며 피로감을 주기도 한다.

감정 중심 성향은 마음이 열려야 비로소 반응하고 움직일 수 있는 사람들이다. 이들에게 중요한 것은 논리나 효율이 아니라, 느낌과 감정, 그리고 관계의 온도다. 이러한 성향을 이해하지 못하면, 부부 사이의 대화는 마치 서로 다른 언어로 이야기하는 것처럼 어긋나기 쉽다.

이들과 함께 살아가려면, 그 감정의 물결에 반응하며 공감하고, 충분히 기다릴 줄 아는 태도가 필요하다. 그리고 무엇보다 중요한 것은, 그들의 마음에 해처럼 따뜻하게 비춰주는 존재가 되어주는 일이다. 사랑이라는 빛이 있을 때, 이들은 누구보다 깊고 따뜻한 관계를 만들어낼 수 있다.

이해가 돼야 움직이는 사람들 - 사고 중심 성향 ◆

누군가는 마음이 먼저 움직여야 행동하고, 누군가는 몸이 먼저 반응해야 삶이 굴러간다. 하지만 또 다른 이들은 반드시 머리로 이해돼야 비로소 움직인다. W.N.P.M심리 성향 체계에서 이들은 사고 중심 성향, 다시 말해 머리형이라 불린다. 머리형에는 에베레스트, 미로, 와이키키 유형이 있다.

이들의 공통점은 생각이라는 필터 없이 행동하지 않는다는 점이다. 이성, 논리, 명확한 이해가 확보돼야만 말하고 움직일 수 있다. 그리고 이 사고의 흐름이 부부관계에서는 때로 소통의 벽이 되기도 한다.

에베레스트 성향은 산처럼 높은 기준과 차가운 기류를 지닌 성향이다. 가장 전형적인 머리형으로, 무엇보다 논리와 구조, 이해 가능한 설명을 중시한다. 이들은 지적 호기심이 높고 사고력이 뛰어나며, 종종 학문적 성취를 이루기도 한다. 그리고, 어릴 적부터 '공부를 잘했다'는 말을 자주 들었을 것이다. 이는 자신이 좋아하는 분야에 대한 깊은 몰입과 집요함에서 비롯된 것이다.

에베레스트는 대화를 중요하게 생각하지만, 감정을 나누기보다는 정보를 교환하고 논리적 구조를 공유하는 데 초점이 맞춰져 있다. 사랑을 표현할 때도 감정보다는 설명에 가까운 방식이 많으며, 관계를 유지할 때도 감정이 아닌 이해를 기반으로 삼는다. 이들에게는 '그냥 마음이 그래서'라는 말은 통하지 않고, 정확한 이유를 설명해줘야 비로소 고개를 끄덕인다.

문제는 그 냉철한 태도가 부부관계에서는 종종 감정이 없는 사람처럼 보인다는 점이다. 특히 감정 중심 성향의 배우자에게는, 에베레스트의 무표정과 묵묵함이 거리감으로 다가온다. 또한 에베레스트는 무시당하는 것에 극도로 민감하다. 배우자가 자신을 가르치려 하거나, 논리적으로 빈약한 주장을 반복하면 깊은 반감을 품는다. 하지만 동시에 자신도 모르게 상대를 무시하는 태도를 보일 수 있다는 점에서 갈등의 악순환이 생기기 쉽다.

에베레스트와 함께 살아가려면, 감정 표현이 적다고 해서 사랑이 없다고 오해하지 않는 것이 중요하다. 대화를 나누는 그 자체가 이들에게는 깊은 애정 표현이다. 특히 자신이 잘 아는 것을 설명하고 가르쳐줄 때, 그 행위 속에 신뢰와 애정을 담고 있다는 점을 기억해야 한다.

미로 성향은 머릿속이 끊임없이 움직이는 사람이다. 선택 하나를 앞두고도 수많은 가능성을 고민하며, 그 생각은 불안의 근원이 된다. 미래에 대한 상상은 종종 현실보다 더 선명한 걱정으로 다가온다. 실제로 이들은 별다른 일이 없어도 막연한 불안을 느끼고, 일이 벌어지기도 전에, 머릿속엔 수십 가지 시나리오가 펼쳐져 있다.

상상력은 풍부하지만, 그 흐름이 긍정으로 이어지기보다는 부정적인 방향으로 흘러가는 경우가 많다. 또한 자신에게 닥친 어려움을 외부 탓으로 돌리는 경향이 있다. 무언가 잘못되었을 때 '그 사람 때문'이라거나 '그 일만 아니었으면 괜찮았을 텐데'라고 생각한다. 이는 회피나 비난이라기보다 자기 내면의 책임감과 두려움을 방어하려는 심리적 반응이라 할 수 있다. 문제는 이런 사고 방식이 반복되면, 상대는 계속 지적당하는 느낌을 받고 위축될 수 있다는 점이다.

미로는 자기 자신을 파악하는 것도 쉽지 않다. 언뜻 보기에는 예의 바른 소금산 같다가도, 때로는 활화산처럼 격한 감정을 드러낸다. 이렇게 상반된 면모를 지닌 탓에, 주변 사람들은 '도대체 어떤 사람일까' 하는 혼란을 겪게 된다.

부부 관계에서는 이러한 미로 성향이 더욱 큰 시험대로 작용한다. 복잡한 내면을 정리하지 못한 채 상대에게 감정을 투사하는 일이 잦고, 배우자는 언제 감정의 폭풍이 휘몰아칠지 몰라 늘 긴장하게 된다. 이 성향을 이해하려면 그 복잡한 사고의 흐름을 단순화하려 하지 말고, 복잡함 자체를 인정하고 받아들이는 것이 필요하다.

와이키키 성향은 이름처럼 즐겁고 가볍고 명랑한 에너지를 지닌 머리형 성향이다. 생각은 많지만, 그것이 불안을 확대하는 미로와는 달리, 어떻게 하면 더 재미있게, 더 유쾌하게 이 상황을 풀어갈 수 있을까에 초점이 맞춰져 있다. 이들에게는 '즐거움'이 핵심 가치다. 즐거움이 있는 곳에서는 누구보다 열정적으로 움직이고, 에너지를 뿜어낸다. 하지만 즐거움이 사라지면, 누구보다 빠르게 관계를 포기하는 태도로 전환된다.

이 성향은 연애 초반에는 매력적으로 느껴지지만, 결혼처럼 지속성과 책임이 요구되는 관계에서는 갈등을 일으키기 쉽다. 가정에서 반복되는 일상과 육아는 와이키키에게 금세 흥미를 잃게 만드는 지루한 과제로 느껴지며, 결국 '재미가 없다'는 이유로 관계에서 마음이 멀어질 수 있다.

이들은 여간해서는 상담을 받으려 하지 않는 성향이기도 하다. 문제를 붙잡고 해결하려 하기보다는, '왜 이렇게까지 해야 해?'라는 회의적인 생각에 빠지기 쉽기 때문이다.

와이키키 유형과 함께 살아가는 배우자는 종종 외로움을 느낀다. 겉으로는 밝고 명랑하지만, 책임을 회피하려는 모습과 감정에 깊게 반응하지 않는 태도에서 정서적인 단절감을 경험하곤 한다. 그러나 와이키키 역시 사랑을 모르는 것은 아니다. 단지 삶을 즐기려는 본능이 강할 뿐이며, 자신만의 방식으로 배우자를 아끼고 사랑한다. 이들과의 관계를 지키기 위해서는 책임과 감정을 억지로 요구하기보다는, 함께 웃고 즐길 수 있는 순간을 자주 만들어주는 것이 훨씬 효과적이다.

사고 중심 성향은 언제나 머릿속에서 현실을 해석하고 조정하려 한다. 이들의 삶은 말보다 생각이 앞서고, 감정보다 설명이 우선된다. 그런 성향을 억누르기보다, 그 리듬을 이해할 때 부부 사이의 소통은 비로소 부드러워진다.

사고형 배우자와 살아가려면, 논리를 인정하고, 대화를 기다려주고, 복잡한 사고의 무게를 함께 나누는 연습이 필요하다. 그때 우리는 서로 다른 언어로 말하더라도 같은 마음으로 살아갈 수 있다.

자, 그렇다면 이제 어렵지만 그만큼 소중하고 가치 있는 부부관계수업을 들을 시간이다. 이 책의 내용들을 하나 하나 삶에 적용한다면 단언컨대, 지금보다 훨씬 더 행복하고 편안한 부부 생활을 하게 될 수 있을 것이다.

 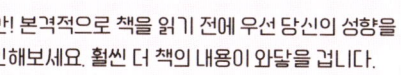

✦ Contents ✦

프롤로그 서로 다른 우리가 함께 사는 법 • 004
　　　　사랑 그 너머, 결혼이란 무엇일까? • 004
　　　　W.N.P.M 심리 성향 체계로 배우는 심리와 소통 전략 • 009

Part 1.

성향으로 나를 이해하다
: W.N.P.M 8가지 심리 풍경

01 소금산: 질서와 예의로 세상을 바라보는 사람 • 028

02 활화산: 온천이 될 수도, 용암이 될 수도 있는 뜨거운 사람 • 034

03 호수: 사랑받을 때 가장 빛나는, 감정에 민감한 사람 • 039

04 사막: 쉼없이 일하며 존재를 증명하는 사람 • 044

05 지중해: 따뜻함과 섭섭함 사이에서 사랑을 나누는 사람 • 049

06 에베레스트: 논리로 연결되고 싶어 하는 고독한 사람 • 054

07 미로: 불안과 의심 속에서 생각을 거듭하는 사람 • 060

08 와이키키: 오늘을 축제처럼 즐기는 사람 • 065

Part 2.

부부 갈등의
뿌리를 찾아서

01 우리는 왜 상처받는가: 부부 갈등이 시작되는 다섯 가지 문제 • 072
02 성향이 다르면 갈등도, 해법도 다르다 • 084
　소금산 성향의 착한 남편, 왜 아내는 외로웠을까 • 084
　감정을 설명하기보다는 터뜨리는 활화산 • 092
　배우자의 사랑을 확인하는 게 중요한 호수 • 098
　집안에서도 효율을 추구하는 사막 • 106
　갈등을 피하는 지중해의 그림자 • 112
　정돈된 삶에서 만족을 느끼는 에베레스트 • 122
　예민함은 미로의 생존감각 • 133
　개인시간이 부족해 힘든 와이키키 • 142

Part 3.
시월드·처월드 전쟁, 감정 아닌 성향으로 풀다

01 고부갈등, 장서갈등에 현명하게 대처하려면? •152
02 시어머니와 장모의 성향을 알면 답이 보인다 •156

　대한민국 시어머니의 전형, 소금산 •156

　불 같은 성격의 활화산 시아버지를 대하는 기술 •165

　'올가미' 같은 호수 성향의 시어머니를 대하는 방법 •170

　일하지 않는 며느리가 못마땅한 사막 시어머니 •176

　무엇이든 함께하고 싶은 지중해 시어머니 •181

　갈등은 없지만 긴장은 여전한, 에베레스트 시어머니 •185

　예측 불가능한 그녀, 미로 성향의 시어머니와의 거리두기 •187

　멋지게 사는 와이키키 시어머니, 며느리의 경제적 불편함 •191

Part 4.

자녀 양육,
'성향'이라는 지도를 펼치다

01 양육의 출발점, 성향과 이해 •196

　세 아이가 내게 가르쳐준 것: 성향, 성장, 그리고 동행 •202

02 아이의 성향을 이해하면, 양육의 길이 보인다 •206

　즐거움을 삶의 중심에 둔 '와이키키' 아이 •206

　내면의 복잡성을 가진 '미로' 아이 •222

　고요의 깊이를 지닌 '에베레스트' 아이 •228

　따뜻한 감수성의 '지중해' 아이 •236

　깊은 감정을 품은 '호수' 아이 •242

　넘치는 에너지를 가진 '활화산' 아이 •250

　잔소리로는 아이를 키울 수 없다 •259

에필로그 결혼, 다름을 마주하며 함께 성장하는 여정 •264

Part 1

성향으로
나를 이해하다
: W.N.P.M 8가지 심리 풍경

01

소금산
: 질서와 예의로 세상을 바라보는 사람

소금산은 장형 성향의 전형적인 예다. 이들은 신체의 예민함, 특히 장(腸)과 관련한 감각이 두드러지며, 생존과 직결된 '먹고사는 문제'를 무엇보다 중요하게 여긴다. 물론 삶의 기본인 의식주는 누구에게나 중요하다. 하지만 장형, 특히 소금산 유형은 자신이 충분히 먹고 있는지, 잘 지내고 있는지에 대해 유난히 민감하게 반응한다. 이러한 특성은 스트레스를 받을 때 더욱 두드러진다. 장에 반응이 오거나, 배고픔으로 인해 예민해지는 모습을 자주 보인다. 특히 소금산과 같은 장형은 배가 고플 때 감정 조절이 어려워지며, 언행이 날카로워지는 경향이 있다.

흥미로운 점은, 이러한 감정의 분출에도 불구하고 소금산은 스스로를 쉽게 화내는 사람이라고 생각하지 않는다는 것이다. 짜증을 내고, 말투가 거칠어지고, 명확히 화를 표현하는 상황에서도 "내가 언제 화를 냈냐"며 부정하는 경우가 많다. 감정의 표출과 인식 사이에 간극이 존재하는 것이다. 이러한 이중성은 일상적인 대화에서도 드러난다. 이를테면 "엄마가 이거 하지 말랬지!" 하고 강하게 말한 뒤에도 "내가 화가 나서 그런 게 아니야"라고 부인하는 식이다. 결국 이런 감정의 누적은 '화병'으로 나타나기도 한다. 본인은 화를 참고 있다고 믿지만, 주변 사람들은 이미 충분히 화를 내고 있는 상태라고 인식하는 경우가 많다.

소금산에게 중요한 또 다른 가치는 '예의범절'이다. 한국 사회 전반에서 예의를 중시하는 문화가 자리잡고 있지만, 그 중에서도 소금산은 예의에 대한 기준이 특히 높고 엄격한 편이다. 예를 들어, 인사를 하더라도 지나가며 "안녕하세요"라고 말하는 것은 인사로 여기지 않는다. 고개를 숙여 정중하게 인사해야 비로소 제대로 된 예의라고 느낀다.

소금산은 타인의 단점을 유독 잘 보는 경향도 있다. 사람의 장점을 보려는 의식적인 노력이 있더라도, 작은 단점이 눈에 먼저 들어오는 것이다. 예를 들어, 대화를 하다가도 상대방의 치아에 고춧가루가 껴 있다면, 그 작은 점이 너무도 크게 느껴져 대화 자체에 집중하기 어려워지는 경우도 있다. '그걸 꼭 말해줘야 할 것 같다'는 감정이 앞서고, 그것이 해결되지 않으면 다른 것들은 뒷전이 되는 것이다.

이처럼 소금산 성향은 예민함과 분명한 기준을 기반으로 주변 세계를 해석하고 반응한다. 감정과 예의, 단점에 대한 날카로운 인식은 때로는 오해와 충돌을 불러일으킨다. 하지만, 그만큼 이들은 세심하고 진지하며, 일상의 사소한 부분까지 놓치지 않으려는 진정성을 품고 있다.

모든 사람은 각자의 틀과 기준을 가지고 살아간다. 그러나 소금산 성향은 유독 그 틀이 단단하게 짜여 있다. 그 안에서는 모든 생각이 '옳다'는 확신이 매우 강하게 작용한다. 이러한 확신은 때때로 관계에 갈등을 초래한다. "내 생각은 옳지만, 네 생각은 옳지 않아"라는 전제가 소통을 어렵게 만드는 것이다.

소금산은 완벽함을 향한 집착이 크다. 늘 옳고 바르게 살아야 한다고 생각하며, 자신의 영향권 안에 있는 사람들 또한 그 기준에 맞춰야 한다고 믿는다. 특히 자녀에게는 그 기대가 더욱 강하게 작용한다. 아이가 정해진 틀에서 벗어난 행동을 보이면, '올바르지 않다'고 느끼며 날카로운 반응을 보인다. 기준에 맞지 않는 행동은 쉽게 수용되지 않고, 반복적인 훈계와 감정적 충돌로 이어진다.

예를 들어, 주말 아침 늦잠을 자거나 여유롭게 시간을 보내는 행동도 소금산은 받아들이기 어렵다. 이들은 아침 일찍 일어나 부지런히 움직이는 삶을 '바른 삶'의 표준으로 여긴다. 그렇게 자신이 세운 기준에서 벗어난 모습을 보면 쉽게 실망하고, 때로는 그 사람을 무가치하게 느끼기까지 한다.

이러한 완벽주의는 자녀가 반듯하고 성실하게 자라기를 바라는 것을 넘어, 좋은 대학에 진학하고, 사회적으로 인정받는 직업을 갖는 것까지도 당연한 목표로 여긴다. 이는 단순히 자녀의 성취를 넘어서, '나'라는 사람의 이미지와 자존심을 구성하는 핵심이 되기도 한다. 이러한 특성은 특히 부모 세대에서 많이 나타난다.

문제는 자녀가 그 기대에 부합하지 않을 때다. 소금산은 그 순간 강한 불편함과 분노를 느끼지만, 그 감정을 스스로도 명확히 설명하지 못한다. 왜 기분이 상했는지, 왜 화가 나는지를 정확히 인식하지 못한 채, 막연한 불쾌감 속에서 일상을 이어간다. 그러다 보니 일상적인 대화나 행동에도 예민하게 반응하게 되고, 감정의 골은 점점 깊어진다.

결국 이 모든 흐름의 중심에는 '내 틀에서 벗어난 세상은 틀렸다'는 전제가 있다. 이러한 생각 때문에 소금산은 자신이 만든 세계 안에 사람들을 끼워 맞추려 하고, 거기서 벗어난 이들에 대해서는 분노와 좌절을 느낀다. 그것이 관계를 해치고 소통을 단절시키는 이유가 되기도 한다.

중요한 것은 소금산이 가지고 있는 프레임이 절대적인 것이 아니라는 사실을 인지하는 것이다. 내 기준이 언제나 옳은 것도 아니고, 모든 사람이 그 기준에 맞춰 살아야 할 이유도 없다. 이 인지가 없으면, 상대방을 계속해서 틀렸다고 여겨 갈등이 반복된다.

소금산은 타인의 시선을 매우 중요하게 여기기 때문에 자신이 나쁘게 보이지는 않을까 하는 불안감이 크다. 그래서 완벽한 프레임을 유지하려 하고, 좋은 사람으로 보이기 위해 노력한다. 결국, 단점이 드러나는 것을 두려워하기 때문에 자신을 더욱 단단한 틀로 감싸게 된다. 겉으로는 괜찮은 척하지만, 자기 기준에 맞지 않는 상황이 발생할 때마다 감정이 요동치고, 불편함이 쌓인다.

소금산이 자신의 내면을 들여다보며 그것을 있는 그대로 인정하는 일은 결코 쉽지 않다. 누구에게나 자기 자신을 있는 그대로 받아들이는 일은 어려운 일이지만, 소금산에게는 특히 더 어렵다. 내면의 부정적인 면을 인정하는 것조차 불편해하며, 그 모습이 타인에게 드러나는 상황은 더욱 고통스럽게 느낀다.

이러한 성향을 가진 사람에게 가장 중요한 과제는 '자기 이해'다. 지금 내 감정이 어디서 비롯되었는지를 알고, 무엇에 화가 나 있는지를 인식하는 것만으로도 관계에서 반복되는 갈등을 줄이고 더 건강하게 반응할 수 있다. 감정을 억압하거나 회피할수록 결국 자신을 잃게 된다. "나는 화가 나 있구나", "내가 이런 부분에 민감하구나"라고 인정하는 순간부터 변화는 시작된다.

소금산은 자신의 분노나 공격적인 감정을 드러내는 것을 두려워한다. 그래서 무의식적으로 그것을 회피하고, 감정을 숨기기 위해 가면을 쓰려 한다. 그러나 이 회피 역시 결국은 '인정'이라는 과정을 통해서만 치유될 수 있다. 자신의 감정을 있는 그대로 바라보고 받아들이는 것이 갈등 해소의 첫걸음이다.

이들이 건강한 방향으로 나아가기 위해서는, 자신의 기준과 프레임에서 벗어나도 괜찮다고 여길 수 있어야 한다. 자기 틀 안에 타인을 끼워 맞추기보다, 타인을 있는 그대로 존중하는 태도가 필요하다. 바로 이것이 소금산이 건강하게 관계를 맺기 위한 가장 중요한 전환점이 된다.

02

활화산
: 온천이 될 수도, 용암이 될 수도 있는 뜨거운 사람

'활화산'이라는 단어는 곧 터질 듯한 에너지, 뜨겁고 불안정한 분위기를 떠올리게 한다. 실제 활화산은 내부에 뜨거운 용암이 들끓고 있으며, 수증기와 열을 끊임없이 분출하는 상태다. 하와이에서는 바다로 흘러내리는 용암을 관람하는 관광 코스가 있을 만큼 가까이서 타오르는 화산을 마주할 수 있지만, 이따금 실제 인명 피해가 발생하기도 한다. 겉으로는 조용해 보여도, 언제든 폭발할 수 있는 이 강렬한 에너지는 활화산 성향의 사람을 이해하는 데도 유용한 은유가 된다.

활화산 성향의 사람은 내면에 뜨거운 에너지를 품고 있다. 그 에너지는 두 방향으로 나뉜다. 하나는 따뜻한 온천처럼 주변을 데우고 사람들에게 온기를 나누는 '성군형 활화산'이다. 일정한 거리에서 조율된 에너지는 사람들에게 든든함과 안정감을 준다. 반대로, 분노가 조절되지 않고 터져버릴 경우에는 '폭군형 활화산'이 되어 주변을 태우고 관계를 파괴할 수 있다.

이들은 기본적으로 자신이 강하다는 인식을 갖고 있으며, 그 이미지 또한 중요하게 여긴다. '나는 세상의 중심이다', '나는 꽤 괜찮은 사람이다'라는 자기 확신이 뚜렷하다. 그래서 자신의 말이 곧 답이 되길 바라며, 다른 이들도 그 말을 따라야 한다고 느낀다. 이러한 성향은 조직이나 가정 안에서도 분명하게 드러난다. 여럿이 모인 자리에서 활화산 성향의 사람이 두 명 이상이면 충돌이 일어날 가능성이 크다. 한 자리에 왕이 두 명일 수 없기 때문이다.

활화산은 장형 성향이다. 장형은 행동 중심이며, 무엇을 먹고 어떻게 살아가는지가 삶의 핵심이 된다. 실제로 식사 자리에서도 그 성향이 드러난다. 예를 들어, 활화산 성향의 남편이 가족에게 "오늘 뭐 먹고 싶어?"라고 묻지만, 결국엔 자신이 먹고 싶은 삼겹살로 메뉴를 결정해버린다. 이미 마음속에 답을 정해두고도 상대의 의견을 묻는 태도는 주변 사람에게 혼란과 의문을 남긴다.

이러한 성향은 때로 뻔뻔하게 비춰지기도 한다. 식사 약속에 한참 늦게 도착한 상황에서도 "나는 남이 손 댄 음식은 안 먹어"라며 새 음식을 당당히 요구한다. 자신은 특별하다는 인식이 행동 곳곳에 묻어 있으며, 강한 추진력과 리더십으로 모임이나 관계를 이끌지만, 동시에 과도한 통제로 갈등을 야기하기도 한다.

활화산 성향은 자신의 감정을 직접적으로 드러낸다. 기분이 나쁘면 곧장 표정과 언어로 표현하며, 화가 나면 주저 없이 터뜨린다. 감정 기복도 심한 편이다. 방금 전까지 웃으며 대화를 나누다가도 돌연 분노로 돌변하는 경우가 많다. 이런 유형의 사람과 함께 있을 때, "언제 화를 낼지 몰라서 불안하다"는 말이 자주 나온다. 화를 내는 빈도도 잦다. 소금산이 하루에 다섯 번쯤 속으로 화를 삭인다면, 활화산은 열 번쯤 화를 표출한다.

감정이 격해지는 이유는 분명하지만, 사소하거나 유치해 보일까 봐 말로 설명하지 않는 경우도 많다. 활화산은 단호하게 말한다. "어른이 어디 삐지나? 나는 지금 화난 거야." 그 말에는 자신의 감정을 단순한 토라짐으로 치부하지 말라는 강한 메시지가 담겨 있다. 이는 단지 감정 표현의 방식이 아니라, 자신을 제대로 이해받고 싶다는 절박한 욕구의 표현이기도 하다.

이들은 보호자의 역할을 맡고 싶어 하고, 실제로 따뜻하고 연민 어린 마음도 가지고 있다. 그러나 그 마음을 드러내는 데 익숙하지 않다. 대신 강한 이미지로 자신을 포장하고, 약점을 드러내지 않기 위해 먼저 자신을 방어하려는 태도를 취한다. '강하게 보여야 함부로 대하지 않을 것'이라는 방어 심리가 작동하기 때문이다. 그렇기에 상대가 자신보다 더 강한 태도로 다가올 경우, 활화산은 혼란을 느낀다. "나는 당신보다 훨씬 강해", "나는 당신 없어도 잘 살아"와 같은 태도는 활화산이 자신의 보호 본능을 발휘할 기회를 빼앗는 것으로 느끼기 때문이다. 그럴 땐 보호하려는 에너지를 어디에 쓸지 몰라 방향을 잃게 된다.

가족에 대한 애착 또한 유난히 강하다. 내 가족, 내 식구라는 의식이 뚜렷하며, 위협이 감지되면 즉각적으로 반응한다. 자녀가 학교에서 다쳤다는 말을 들으면, 단순한 조언을 넘어 직접 나서서 문제를 해결하려 한다. 그러나 이런 행동이 때로는 상황을 더 악화시키기도 한다. 감정 조절의 어려움은 사회적 관계에서도 문제를 일으키며, 명령조의 말투, 지배하려는 태도는 상대에게 큰 피로감을 안겨준다.

이들에게는 명령보다는 부탁의 언어가 훨씬 잘 통한다. "이거 좀 도와줄래?", "당신 덕분에 할 수 있었어"와 같은 표현은 이들의 자아 이미지를 인정해주며, 긍정적인 방향으로 에너지를 쓰도록 유도한다. 반면, "당신 덕분에 즐거웠어" 같은 표현은 오히려 반감을 살 수 있다. 활화산은 단순한 오락이나 유흥의 대상이 아니라, 보호자이자 중심 인물로 존재하고 싶어 하기 때문이다.

부부 관계에서 마찰이 생기는 원인 중 하나는, 상대방이 나와 너무 다르게 행동할 때 느끼는 이질감이다. 예를 들어, 활화산 성향의 사람은 '사랑한다면 이런 식으로 말하거나 행동해야 한다'는 기준을 명확히 갖고 있는 경우가 많다. 싫은 건 싫다, 좋은 건 좋다, 라는 식으로 자신의 감정을 직접 표현하는 방식이 편안하다. 그러나 지중해나 호수 성향의 사람들은 이러한 표현을 즉각적으로 하기 어렵다. 감정보다 생각을 우선하거나, 감정을 소화하는 데 시간이 필요한 경우가 많기 때문이다.

이처럼 활화산은 행동이 매우 빠르다. 감정은 말과 행동, 눈빛으로 즉각 표출된다. 마음이나 생각이 정리되기 전에 먼저 몸이 반응한다. 누군가는 말 한마디를 꺼내기까지 오래 고민하지만, 활화산은 순간적으로 튀어나오는 반응이 많다. 이는 외부에서 보기에 충동적으로 비춰질 수 있으며, 경우에 따라 오해로 이어지기도 한다.

이러한 오해를 줄이기 위해서는 각자의 성향을 이해하는 작업이 필요하다. 같은 상황이라도 어떤 사람에게는 사소한 말이 가벼운 스크래치로 지나가지만, 또 다른 사람에게는 깊은 상처로 남는다. 나의 행동이 누군가에게 어떻게 받아들여지는지를 인식하는 것이 중요하며, 반대로 내가 무엇에 상처를 받는지를 알아차리는 것도 필요하다.

결국, 활화산이라는 성향은 그 자체로 문제가 되는 것은 아니다. 내재된 에너지를 어떻게 다루고 조절하느냐에 따라 상황은 전혀 다른 방향으로 흘러갈 수 있다. 건강한 활화산은 마치 온천처럼 사람들에게 따뜻함과 안정을 주는 존재가 될 수 있다. 그러나 감정 조절이 되지 않는 상태에서는 용암처럼 주변을 파괴하는 존재가 되기도 한다.

성향은 고정돼 있지만, 방향은 바꿀 수 있다. 활화산의 에너지를 어떻게 조율하느냐에 따라 그 사람은 관계 안에서 든든한 보호자가 될 수도, 피로한 통제자가 될 수도 있다. 그러므로 이 성향을 이해하고 존중하는 태도는, 부부 관계뿐 아니라 모든 인간관계에서 매우 중요한 열쇠가 된다.

03

호수
: 사랑받을 때 가장 빛나는, 감정에 민감한 사람

호수 성향은 감정 중심 성향의 대표적인 유형으로, 외부 환경과 타인의 반응에 따라 내면의 정서가 쉽게 흔들리는 특성을 지닌다. '호수'처럼 잔잔하고 맑은 상태를 유지할 때는 차분하고 안정적이지만, 햇살이 가려지면 금세 음침하고 외로워진다. 이 햇살은 곧 사랑이며, 그것을 받을 때 가장 따뜻하고 평온한 감정을 느낀다.

호수 성향의 사람들은 단 한 사람의 온전한 사랑을 통해 존재의 가치를 확인받는다. 어린 시절에는 부모, 학창 시절에는 단짝 친구, 성인이 된 이후에는 연인이나 배우자에게 집중된 애정을 원한다. 이처럼 관계의 안정이 곧 자기 존재의 안정으로 이어지기 때문에, 가까운 사람이 관심을 거두거나 외면할 경우 심리적 동요가 매우 크다.

감정의 폭이 넓고 기복이 심하며, 사소한 자극에도 쉽게 영향을 받는다. 내면에는 정서의 흐름이 끊임없이 존재하고, 눈물도 많고 감정 표현이 섬세하다. 사랑과 인정, 관심을 받을 때 가장 따뜻한 모습이 나타나지만, 반대로 무시당하거나 소외되면 심리적으로 위축되고, 감정이 고요한 어둠에 잠긴다. 이 감정의 흐름은 날씨처럼 변화무쌍하다. 해가 떠 있으면 감정도 밝아지지만, 흐린 날씨에는 정서적 우울감이 배가된다. 이는 단순한 기분 변화가 아니라, 외부 환경이 정서에 스며드는 호수의 본성 때문이다.

이들은 타인의 감정을 예민하게 감지한다. 말 한마디, 표정 하나에도 쉽게 영향을 받으며, 작은 오해도 깊은 상처로 남는다. 누군가 무심코 던진 말이나 스친 시선조차도 오랜 시간 정서에 흔적을 남긴다. 이러한 민감함 때문에 종종 '왜 이렇게 예민하냐'는 말을 듣고, 자존감에 상처를 입는다. 어릴 적부터 '키우기 힘든 아이', '너무 예민한 아이'라는 평가를 들으며 성장한 경우도 많다. 하지만 이들은 본질적으로 감정이 깊고 섬세할 뿐이다.

호수 성향은 사랑받고 있다고 느낄 때 가장 안정적이고 따뜻한 정서를 유지한다. 그러나 사랑의 부재를 느끼는 순간 정서의 기반이 무너지고, 존재의 의미까지 흔들리는 혼란을 겪게 된다. 특히 이 성향은 '한 사람'에게 집중된 사랑을 강하게 갈망한다. 여러 사람의 관심보다는, 자신만을 깊이 이해하고 사랑해주는 단 한 사람이 필요하다. 이 한 사람이 무관심하거나 표현하지 않을 때 호수는 큰 상실감을 느낀다.

감정을 표현하는 데 서툰 면도 있다. '나는 괜찮아'라는 말을 방패처럼 사용하지만, 내면에는 서운함과 외로움이 깊이 자리한다. 감정을 솔직히 표현하지 못하고 쌓아두는 경향이 있어, 오해와 갈등이 반복되기 쉽다. 자존심과 상처받을까 두려운 마음 때문에 말하지 못하고, 그 감정은 조용한 짜증이나 무기력으로 나타난다. '알아서 해줘야지', '딱 보면 몰라?' 같은 생각은 현실에서 자주 충족되지 않으며, 이로 인한 좌절이 감정의 심연을 더욱 깊게 만든다.

호수 성향은 '특별함'에 집착하는 경향이 있다. 단순한 인정이 아니라, '특별한 존재'로 여겨지고 싶어 한다. 이는 정서적 안정과 자존감 형성에 결정적인 영향을 미친다. 그래서 일상적인 표현이나 형식적인 선물, 반복되는 일상은 정서적 거리감을 만든다. 자신만을 위한 배려, 한정된 시간, 정성스런 표현은 깊은 감동을 불러일으킨다. 그러나 현실의 관계에서는 이러한 특별함이 자주 무시되거나 간과되기 때문에, 깊은 결핍과 외로움이 발생한다.

이 성향은 감정의 리듬이 사회적 리듬과 어긋나는 경우가 많다. 아침에 일찍 일어나는 것이 힘들고, 감정적으로 활력을 느끼는 시간대도 다르다. 그러나 사랑받는다고 느낄 때는 완전히 다른 모습을 보인다. 누구보다 활기차고, 에너지가 넘치며, 사소한 일에도 감동하고 감사하는 모습으로 변화한다. 반대로 감정적으로 결핍된 상태에서는 작은 일에도 쉽게 상처받고, 깊은 무기력에 빠진다.

이들은 감정을 숨기려는 방어기제가 강하다. 겉으로는 아무렇지 않은 듯 행동하지만, 속으로는 '세상이 언제 나를 이해해 준 적 있느냐'는 서운함이 깊이 쌓여 있다. 타인의 무심함에 쉽게 소외감을 느끼며, 그 감정을 해소하지 못해 고립감이 점점 깊어지기도 한다. 타인과의 정서적 불일치, 특히 사랑의 언어가 다를 때 생기는 오해는 마음을 더욱 어둡게 만든다. 말, 포옹, 눈빛처럼 감정을 나누는 표현을 통해 사랑을 느끼고 싶어하지만, 상대가 실질적인 도움이나 물질로 마음을 전할 경우 그 진심을 온전히 받아들이지 못하고 실망하게 된다.

　호수 성향은 자기 감정이 잘 전달되지 않을 때, 고립되고 오해받는 경험을 반복하게 된다. 예를 들어, 부부 사이에서 다툰 후 배우자가 "우리 뭐 먹으러 갈까?"라고 말할 때, 호수는 정서적 연결이 먼저인데 상대는 '식사'로 감정을 풀려 한다고 느껴 서운해질 수 있다. 이런 오해는 진심의 왜곡으로 이어지며 감정을 더 깊이 상하게 만든다.

　상처 받은 마음을 회복하기 위해선 자기 감정에 대해 인식하는 것이 가장 먼저다. '내가 왜 이렇게 서운하지?', '내가 너무 예민한가?'라는 자책보다는, '지금 사랑받고 싶다는 감정이 내 안에 있구나', '인정받고 싶구나'처럼 감정의 본질을 있는 그대로 바라보는 것이 필요하다. 감정은 억누른다고 사라지지 않는다. 오히려 그것을 솔직하게 받아들이는 태도가 건강한 감정 관리의 출발점이다.

　호수 성향은 사랑받지 못한다고 느끼는 순간, 존재의 의미까지 흔들릴 수 있다. 그렇기에 이들에게 가장 중요한 과제는 자기 자신을 사랑하는 법을 배우는 것이다. 외부의 인정이나 애정에만 의존하기보다,

스스로를 특별하고 소중한 존재로 인정할 수 있는 내면의 힘이 필요하다. 감정은 타인의 반응에 따라 쉽게 요동치기 때문에, 자기 주도적인 감정 관리 체계를 갖추는 것이 핵심이다. 자신의 감정을 정확히 파악하고, 그것을 언어로 표현할 수 있는 능력을 키우는 것이 중요하다.

마지막으로, 호수 성향이 진정으로 회복되기 위해서는 외부 자극이 아닌 내면에 있는 '햇살', 즉 자기 사랑과 자존감을 인식하는 연습이 필요하다. 사랑은 언제나 존재한다. 다만 때때로 구름에 가려질 뿐이다. 그 사랑이 사라진 것이 아니라는 사실을 깨닫고, 그것을 내면에서 확인할 수 있을 때, 비로소 호수는 다시 고요하고 깊은 평화를 되찾을 수 있다.

04

사막
: 쉼없이 일하며 존재를 증명하는 사람

사막 성향은 일 중심형 성향으로, 겉으로는 차분하고 이성적이며 효율을 중시하는 모습이 강하게 드러난다. 그러나 내면은 뜨거운 책임감과 성취 욕구로 가득한 전형적인 가슴형이다. 사막 성향의 사람들 중 상당수는 스스로를 머리형이라고 오해한다. 감정보다는 일과 논리를 우선시하기 때문이다. 실제로 자신이 가슴형이라는 자각 없이, 효율성과 생산성을 중심으로 삶을 설계하고 실행해 나간다.

사막이라는 명칭은 그 환경적 특성에서 비롯되었다. 사막은 바람에 의해 끊임없이 지형이 변화하고, 멈추면 생존이 위태로운 환경이다. 이런 속성처럼 사막 성향의 사람은 쉬지 않고 움직여야 안심된다. 멈추는 것이 불안하며, 쉬는 중에도 끊임없이 해야 할 일을 떠올린다. 이들에게 일은 곧 존재의 방식이며, 정체성과 직결된다.

이 성향은 '일을 잘하는 사람'이 되는 것을 매우 중요하게 여긴다. 사람을 평가하는 기준도 일의 능력에 따라 정해진다. 누군가를 신뢰하거나 존중하는 척도 역시 '얼마나 유능한가'에 초점이 맞춰진다. 일 중심의 시각으로 세상을 바라보기 때문에, 상대가 일을 잘하지 못하면 이해보다는 비판의 태도가 앞선다.

가정에서도 이 같은 태도는 그대로 반영된다. 남편이 사막 성향이라면, 집은 일터에서 지친 에너지를 충전하는 기능적 공간으로 인식된다. 가족과의 정서적 교류보다는 '쉴 수 있는가'에 초점이 맞춰진다. 반면, 아내가 사막 성향일 경우 육아는 본인의 일이 아니라 외부에 위임할 수 있는 영역으로 분류되기도 한다. 일과 가정의 균형보다는 일의 성취와 진행이 우선이 된다.

사막은 책임감이 강하고 성실하며, 맡은 일은 반드시 끝내야 한다는 강박에 가까운 기준을 가지고 있다. 이로 인해 타인의 느긋함이나 비효율을 참기 힘들어한다. 예를 들어, 일이 제대로 되지 않는 상황에서 사막 성향의 사람은 답답함을 견디지 못하고 직접 개입하거나, 빠르게 방법을 찾아 실행하려 한다. 이런 행동은 때로는 유능함으로, 때로는 간섭으로 오해받기도 한다.

자신의 기준에 맞지 않는 일 처리 방식을 보면 쉽게 짜증이 날 수 있으며, '왜 저렇게밖에 못 하지?'라는 내면의 비판이 커진다. 직장에서 상사가 자신보다 능력이 부족하다고 느껴질 때, 존중이 줄고, 내부 갈등이 생기는 것도 이런 이유다. 상대의 부족함을 받아들이기보다, 스스로 해결하거나 개선하려는 방향으로 반응한다.

사막은 스스로에게 기대하는 기준이 높다. 어떤 일이든 한 번 맡으면 끝까지 해내야 하며, 과정뿐 아니라 결과 역시 중요하게 여긴다. 단순한 설거지조차도 그저 접시를 닦는 데 그치지 않는다. 어떻게 하면 더 빠르고 효율적이며 깔끔하게 처리할 수 있을지를 고민하고, 나아가 시스템 자체를 개선하려 든다. 사막에게 '일머리'란 단순한 손재주가 아니라, 구조화된 사고와 전략, 그리고 효율적인 운영 능력을 의미한다.

이 성향은 자신에게 주어진 일을 책임지고 완수함으로써 자존감을 형성한다. 그래서 일이 막히거나 실패를 겪으면, 단순한 좌절을 넘어 정체성 자체가 흔들릴 수 있다. 반대로 일이 순조롭게 진행되고 성과가 나타날 때는 비로소 살아 있음을 느끼고 깊은 만족감을 얻는다. 심지어 병이 나거나 몸이 아파도, 일이 잘되기만 하면 아프지 않은 듯 행동한다. 감정을 외면한 채, 일을 통해 그 감정을 덮어버리는 것이다.

사막 성향은 감정 표현에 익숙하지 않다. 누군가가 "괜찮아요?"라고 물으면, 진심으로 힘든 상황임에도 불구하고 늘 괜찮다고 답하며 자신의 어려움을 드러내지 않는다. 자기 관리가 철저하며, 약한 모습을 보이기를 꺼린다. 아프다는 사실 자체가 스스로에게 부담이며, 남에게 피해를 줄까 봐 걱정한다. 그래서 아프지 않으려는 삶의 방식이 몸에 배어 있다.

사막은 '일하지 않으면 무가치하다'는 인식을 갖기 쉽다. 보이지 않는 노동이나 감정노동에 대해 낮은 가치를 두며, 특히 집안일이나 육아는 '돈이 되지 않는 일'로 간주하며 가볍게 여기기도 한다. 이로 인해 부부 갈등이 자주 발생한다. 전업주부인 아내가 온종일 아이를 돌보는 피로에 제대로 공감하지 못한 채, "나는 돈을 벌잖아"라는 말로 갈등을 회피하려 한다.

이러한 정서는 아내가 사막 성향일 때도 유사하게 나타난다. 일하지 않는 삶에 무기력을 느끼고, 아이를 돌보는 것만으로는 삶의 의미를 찾지 못해 정서적으로 메말라간다. 실제 상담 사례에서도, 오랫동안 전업주부로 지낸 사막 성향의 여성들이 일터로 복귀하면서 정서가 회복되는 경우가 많다. 일은 그들에게 에너지의 원천이며, 자존감을 회복시키는 중요한 요소다.

사막은 배우고 익히는 데 적극적이다. 배움은 곧 실전 적용으로 이어져야 한다는 강박이 있으며, 배운 만큼 성과가 나와야 한다고 믿는다. 그러나 반대로, 휴식이나 놀이에는 쉽게 에너지가 생기지 않는다. 일하지 않는 시간은 낭비처럼 느껴지고, 계획 없이 보내는 시간은 불안감을 유발한다. 이 때문에 여유를 즐기기보다, 무언가 생산적인 활동을 계속 찾아 나선다.

사막은 타인의 고통이나 여유를 이해하는 데에도 어려움을 겪는다. 누군가가 아파서 쉬거나, 일에서 벗어나려 할 때, 속으로 '그게 그렇게 힘든 일이야?'라는 의심이 들 수 있다. 자신이 고통을 감추며 살아왔기 때문에, 타인에게도 동일한 기준을 적용하려 하는 것이다.

그래서 사막 성향의 사람에게는 자기 성찰이 무엇보다 중요하다. 스스로를 돌보고 감정을 인식하며, 일과 감정 사이의 균형을 찾아야 비로소 건강한 삶을 이어갈 수 있다. 주변 사람들은 이들에게 "정말 일을 잘하시네요", "책임감이 대단하시네요"처럼, 이들의 일 중심 정체성을 인정해 주는 말로 지지하는 것이 좋다. 사막에게는 바로 그 인정이 가장 큰 힘이 되기 때문이다.

사막은 일에 집중한 나머지 감정과 관계를 놓치기 쉽다. 그러나 일은 삶의 수단일 뿐, 궁극적인 목적이 아니다. 사막 성향이 건강하게 살아가기 위해서는 오아시스처럼 감정을 쉬게 할 수 있는 공간이 필요하다. 일과는 무관한 소소한 즐거움, 감정의 교류, 잠시 멈춰 숨을 고를 수 있는 여유가 삶에 스며들어야 한다. 일하지 않아도 괜찮다는 인식, 감정을 표현해도 된다는 자각이 사막을 더 단단하고 건강하게 만들어 준다.

05

지중해
: 따뜻함과 섭섭함 사이에서 사랑을 나누는 사람

지중해 성향은 따뜻하고 포근한 기후와 여유로운 풍경을 떠올리게 하는 이름처럼, 인간관계에서 포용력과 감성적 여유를 지닌 인물형이다. 전형적인 마음형 성향으로서, 이들의 핵심은 '따뜻함'이다. 사람을 좋아하고, 정서적 교류와 연결에 깊은 욕구를 가지며, 관계를 통해 존재의 의미를 확인받고자 한다.

  지중해는 관계 중심의 성향이며, 인간관계 속에서 자신이 유용하고 필요한 존재임을 느낄 때 큰 만족감을 얻는다. 이들은 사랑을 주는 데 익숙하고, 타인을 돕는 일을 당연하게 여긴다. 또, 자신의 희생을 과시하지 않으며 대가 없는 헌신을 미덕으로 삼는다. 도움을 받는 상황에는 오히려 어색함을 느끼지만, 반복되는 일방적 베풂 속에서 '나만 주고 있다'는 감정이 쌓이면 섭섭함으로 이어진다.

 이 섭섭함은 겉으로는 잘 드러나지 않는다. 감정을 표현하는 것이 미숙하고 부끄럽다고 느끼기 때문이다. 그래서 내면에 묵직한 감정으로 남아 있다가, 때때로 억울함이나 외로움으로 변해 자신도 모르게 상대를 멀리하거나, 관계를 꺼리는 방향으로 작용한다. 자신은 모든 것을 주었는데도, 상대가 아무것도 돌려주지 않는다는 생각은 깊은 상처로 남는다.

 예를 들어, 누군가 집에 방문하기로 하면, 지중해 성향의 사람은 상대가 무엇을 좋아하는지 확인하기보다는 자신이 좋아하는 고급 커피를 정성스럽게 준비한다. 그러나 상대는 커피를 마시면 잠을 이루지 못한다며 이를 거절한다. 이때 지중해는 '내가 너를 위해 준비했는데'라는 감정이 솟아오른다. 결국 상대는 불편함 속에 커피를 마시고, 뒤늦게 불면을 겪는다. 이런 일이 반복되면 상대는 그 관계 자체를 피하고 싶어지고, 지중해는 섭섭함과 억울함 속에서 상처를 받는다.

 지중해 성향의 사람들은 조화롭고 평화로운 관계를 중요하게 여긴다. 갈등을 피하려는 경향이 강해, 분쟁이 생기면 자신의 입장을 강하게 주장하기보다는 중립적인 태도를 취한다. 또 다소 손해를 보더라도 상황이 부드럽게 흘러가길 바란다. 그러나 이런 태도는 종종 '우유부단하다', '자기 입장이 없다'는 인상을 주어 주변의 비판을 받기도 한다. 누구의 편을 드는 듯하면서도 결국 어느 쪽도 명확히 지지하지 못하는 상황에 놓이게 되고, 그로 인해 관계는 어색해지고 감정은 쌓여간다.

예를 들어, 어머니와 아내 사이에 갈등이 생겼을 때, 지중해 성향의 남편은 양쪽의 입장을 모두 들어주려 한다. 처음에는 그것이 배려처럼 보이지만, 아내에게는 어머니의 편을 드는 것처럼 비치고, 어머니에게는 아내 편만 드는 것처럼 느껴진다. 결국 양쪽 모두에게 "당신은 도대체 누구 편이야?"라는 원망을 듣게 되고, 관계는 더욱 어색해진다. 지중해는 갈등 자체를 피하고 싶은 마음이 크기 때문에 이렇게 균형을 잡으려 하지만, 정작 누구에게도 명확한 지지를 보내지 못한 채 감정의 골만 깊어지게 된다.

이들은 타인의 필요에 민감하게 반응한다. 도움이 필요한 사람이 보이면 자기도 모르게 몸이 먼저 움직인다. 예를 들어, 아내와 어린 두 아이와 함께 이동 중일 때, 길가에서 무거운 짐을 든 할머니를 발견하면, 본능적으로 '도와야 한다'는 생각이 들고, 망설임 없이 "잠깐만 있어 봐"라고 말하며 가족을 두고 그 노인을 돕는다. 문제는 이러한 반응이 가족과 함께 있는 상황에서도 예외 없이 반복된다는 점이다.

이 모습을 본 아내는 어떤 기분일까. 두 아이를 혼자 돌보며 남편을 기다려야 하는 상황은 답답하고 화가 날 수밖에 없다. 하지만 주변 사람들의 시선은 전혀 다르다. "어쩜 저렇게 따뜻하고 배려 깊은 사람이 있을까", "저런 남편 만나서 참 좋겠다"는 반응이 쏟아진다. 그러나 정작 그와 함께 사는 아내는 "네가 한번 살아봐. 얼마나 답답한데"라고 말하고 싶어진다. 타인에게는 다정한 사람이지만, 가족에게는 오히려 소외감을 주는 아이러니한 상황이 반복되는 것이다.

이처럼 지중해 성향의 사람들은 본질적으로 '타인에게 필요한 존재'가 되고자 하는 욕구가 크다. 도움이 필요한 곳이라면 어디든 발길을 옮기지만, 그 과정에서 오히려 가까운 이들에게 소외감을 안기기도 한다. 이들은 누군가에게 필요하다고 느낄 때 가장 활기차고 삶의 의미를 찾지만, 반대로 "당신은 필요 없다"는 말에는 존재 자체가 부정된 듯 깊은 상처를 받는다. '필요 없는 사람'이라는 인식은 삶의 의욕을 꺾고 정서적 고립으로 이어질 수 있다.

거절을 잘 하지 못한다는 점도 지중해 성향을 가진 이들의 특징이다. 이 점 때문에 지중해 옆에 있는 사람들은 무의식적으로 그에게 자꾸 일을 시키거나 무리한 부탁을 하게 된다. 예를 들어, 지중해 성향을 가진 대리에게 사원이 "정말 못 하겠는데, 도와주실 수 있을까요?"라고 요청하면, 본인의 일이 아님에도 흔쾌히 도와준다. 소금산이라면 어땠을까. "그건 네 일이야. 네가 해야지"라고 했을 것이다. 활화산 성향이었다면, 상대가 애초에 말조차 꺼내기 어려웠을 것이다. 그러나 지중해는 누구의 부탁이든, 가능한 한 들어주려 한다.

이런 상황이 오래 지속되면 어떻게 될까. 모두의 부탁을 다 들어주다 보면, 오히려 가까운 사람들의 불만이 쌓이게 된다. 특히 배우자나 자녀는 '왜 우리보다 타인을 더 챙기느냐'는 감정을 갖게 되고, 지중해는 이해받지 못한다는 외로움에 빠진다.

지중해 성향의 사람은 감정이 억눌릴 경우, 조용히 쌓이다가 어느 순간 한계에 도달해 갑작스럽게 감정이 폭발하는 방식으로 반응하기도 한다. 평소에는 너무나도 온화하고 조용했던 사람이, 어느 날 뜻밖의 분노를 표출하는 경우가 그 예다. 이는 오랜 시간 감정을 말하지 못하고 누적한 결과이며, 자신을 이해해주는 사람이 없다는 고립감에서 비롯된다.

지중해 성향의 사람은 자신이 필요한 존재라는 확신을 얻고, 주변으로부터 인정받을 때 비로소 건강한 상태를 유지할 수 있다. 그러므로 이들과 함께하는 이들은 그들의 존재와 수고를 자주 인정해주고, 감사의 표현을 아끼지 않아야 한다. "당신이 있어서 든든해요", "당신 덕분에 일이 잘 풀렸어요"와 같은 말은 지중해 성향의 사람에게 큰 힘이 된다.

또한 지중해 성향이 건강한 관계를 맺기 위해서는, 자신이 원하는 방식이 아니라, 상대가 필요한 방식으로 사랑을 주는 법을 배워야 한다. 자신의 헌신이 오히려 부담으로 작용할 수 있다는 점을 인식하고, 상대의 입장에서 바라보는 연습이 필요하다. 그리고 자신의 감정도 정당하다는 사실을 받아들이고, 억누르지 말고 적절히 표현하는 습관을 기르는 것이 중요하다.

지중해 성향은 결국, 사랑과 따뜻함으로 관계를 엮어가고자 하는 본능적인 욕구를 지닌 사람들이다. 그 따뜻함이 지속적으로 순환되고, 자신 또한 사랑받고 있다는 확신을 가질 수 있을 때, 이들은 가장 건강하고 행복한 삶을 살아갈 수 있다.

06

에베레스트
: 논리로 연결되고 싶어하는 고독한 사람

에베레스트 성향은 이름 그대로 고요하고 단단한 산의 이미지를 닮아 있다. 가장 높은 봉우리처럼 이들은 높은 지적 수준과 깊은 사고력을 지녔지만, 동시에 감정적으로는 차갑고 멀게 느껴질 수 있다. 겉으로는 조용하고 무표정하지만, 내면에는 쉽게 허락하지 않는 고유의 논리 체계와 기준이 단단히 자리 잡고 있다.

전형적인 머리형에 속하는 이들은 감정이나 직관보다 사고와 판단을 중심으로 세상을 이해한다. 이해되지 않으면 움직이지 않으며, 모든 행동은 납득 가능한 이유와 논리적 일관성에 기반한다. "왜?", "어떻게?"라는 질문이 행동의 전제가 되며, 설득되지 않으면 반응도 없다. 이 성향은 논리적 일관성과 깊이 있는 사고를 중시한다.

학습 능력이 뛰어나고, 지적 호기심이 풍부하다. 실제로 이 성향의 사람들 중 다수는 학문적 성취가 높은 편이며, 박사 과정이나 연구직에 종사하거나 높은 수준의 지적 환경에 있는 경우가 많다. 다만, 똑똑함이 곧 공부를 잘한다는 것을 의미하지는 않는다. 머리가 좋아도 흥미를 느끼지 못하면 학습에 몰입하지 않기도 한다. 흥미와 의미가 연결되지 않으면 움직이지 않는 것이 이 성향의 특징이다. 학창시절, "머리는 좋은데 공부를 안 해요"라는 말을 자주 듣는 경우가 많다. 이는 성향의 문제가 아니라, 아직 관심과 몰입이 충분히 일어나지 않았다는 점에서 이해할 필요가 있다.

이 성향은 감정보다 이해와 사고를 중시하기 때문에, 관계에서도 감정 표현보다는 의견과 논리를 통한 소통을 선호한다. 감정 중심의 대화나 비논리적인 접근은 오히려 혼란과 불편함을 불러일으킨다. 따라서 이들과 소통할 때는 생각을 존중해주는 방식이 효과적이다. "그렇게 생각할 수 있겠구나", "네 의견을 들으니 이해가 된다"는 말은 신뢰를 쌓는 데 큰 도움이 된다.

에베레스트는 소수와의 깊은 관계를 선호한다. 친구가 많지 않고, 사람들과 자주 어울리는 타입도 아니다. 대신 한 번 마음을 주면 깊은 충성심을 보이고, 소수의 사람과 깊이 있는 대화를 나누는 것을 좋아한다. 대화 자체가 사랑의 표현이기에, 그들에게 말을 건다는 것은 곧 상대를 존중하고 인정한다는 의미가 된다.

지중해 성향이 인간관계를 가장 중심에 두고 살아가는 유형이라면, 에베레스트는 그 관계보다 '이해'를 우선시하는 경향이 강하다. 이들에게 책과 활자는 친구와도 같다. 고요한 공간에서 텍스트와 마주하고, 그 속에서 의미를 탐구하고 지식을 쌓는 것이 매우 익숙한 방식이다.

배우자가 에베레스트 성향이라면, 책 읽기를 좋아하거나 혼자 있는 시간을 중요하게 여기는 모습이 두드러질 수 있다. 에베레스트는 활자와 친밀한 성향이라, 대화보다는 독서나 탐구에 더 많은 에너지를 쏟기도 한다. 상대방 입장에서는 때로는 거리감으로 느껴질 수도 있으나, 이는 이 성향이 사랑을 거부해서가 아니라, 생각을 기반으로 삶을 살아가려는 경향 때문이라는 점에서 이해할 필요가 있다.

이들은 감정 표현에는 서툴지만, 감정 자체가 없는 것은 아니다. 오히려 자신의 감정을 해석하고 전달하는 데 어려움을 겪기 때문에, 감정을 회피하는 방식을 택한다. 하지만 감정이 무시되거나, 자신의 생각이 존중받지 못할 때는 단절을 선택할 만큼 강한 반응을 보인다. 이들은 무시당하는 것을 가장 큰 상처로 느낀다.

이들은 알뜰한 생활 태도를 지닌 경우가 많다. 물질적 낭비를 싫어하고, 불필요한 지출을 잘 하지 않는다. 실용성과 효율성을 중시하며, 경제적 계획도 논리적으로 세우는 경향이 있다. 주변에서 흔히 볼 수 있는, '계산이 명확한 사람'이라는 인상도 이 성향의 대표적인 특성 중 하나다.

이들은 대체로 검소하며 자기 자신에게조차 쉽게 돈을 쓰지 않는다.

셔츠 하나를 사면 헤질 때까지 입는 경우가 많고, 필요하지 않은 소비는 좀처럼 하지 않는다. 이런 절제된 태도는 자신뿐 아니라 타인에게도 마찬가지로 적용된다. 감정 표현에서든 금전적인 부분에서든, 절제와 검소함이 삶 전반에 깊이 배어 있다.

언뜻 비슷해 보이는 사막과 에베레스트는 자산 관리 방식에서 뚜렷한 차이를 보인다. 사막 성향은 높은 업무 역량으로 인해 수입이 많은 편이지만, 업무 효율이나 결과를 위해 아낌없이 투자하는 성향 탓에 지출 역시 큰 편이다. 반면, 에베레스트 성향은 수입 자체보다는 지출 통제와 체계적인 자산 관리를 중시하는 경향이 강하다. 불필요한 소비를 철저히 절제하기 때문에, 동일한 수입 수준이라도 실질적인 자산 축적 면에서는 에베레스트가 더 우위에 있을 수 있다. 또한, 대인관계에서의 소비 패턴 역시 성향에 따라 다르게 나타난다. 지중해 성향은 관계의 조화와 유지를 중시하는 특성상 사람을 중심으로 지출이 발생하는 반면, 에베레스트는 관계보다는 체계성과 안정성에 가치를 두기 때문에, 대인관계에 소요되는 비용도 상대적으로 적다. 결과적으로 에베레스트 성향은 수입에 비해 소비가 적어, 자연스럽게 자산이 축적되는 구조를 갖기 쉽다.

감정 면에서는 '이성 중심'이라는 자기 이미지를 일종의 방패막처럼 사용한다. "나는 감정이 없다"는 식의 자기 인식은 감정과 거리를 두기 위한 일종의 방어 기제다. 그러나 실제로는 타인의 감정을 잘 읽지 못할 뿐이지, 내면에는 감정이 매우 풍부하다. 오히려 누군가의 말이나 행동이 자신을 무시하거나 존중하지 않는다고 느낄 경우, 관계를 극단적으로 단절할 정도로 강한 정서를 갖고 있다.

사랑을 표현할 때도 말이나 행동보다 '존중'을 중시한다. 감정적 표현보다는 상대의 생각을 존중하고 대화를 나누는 것을 통해 애정을 표현한다. 예를 들어, 하루 동안 있었던 일을 조곤조곤 이야기하며 배우자와 시간을 보내는 것이 이들에게는 최고의 사랑 표현이 된다. 하지만 이 방식은 감정을 중시하는 호수 성향과 충돌하기 쉽다. 호수는 따뜻한 말과 스킨십을 기대하지만, 에베레스트는 대화를 통한 연결을 더 중요하게 여긴다.

갈등 상황에서도 이들은 감정이 아닌 이성을 통해 문제를 해결하고자 한다. 감정적으로 격앙된 상황에서는 도리어 더욱 침묵하고, 말수가 줄어들며, 내면으로 침잠하는 경향이 있다. 이는 오해를 불러일으키지만, 사실은 감정을 어떻게 풀어야 할지 몰라 회피하는 방식일 뿐이다.

이 성향의 사람은 자신의 생각이 존중받고, 말할 기회를 가질 때 건강하게 관계를 유지할 수 있다. 누군가가 자신을 이해하려는 노력, 논리적인 대화를 시도하는 태도, 그리고 억지로 감정을 강요하지 않는 환경이 중요하다. 반대로 "왜 그렇게 말이 없어?", "왜 이렇게 냉정해?" 같은 평가는 그들을 위축시키고, 관계에서 더 멀어지게 만든다.

에베레스트는 자신의 성향을 이해하고, 감정을 억누르지 않으려는 노력에서부터 회복을 시작할 수 있다. 감정을 억제하지 않고, 작은 표현부터 시도해보는 것. 예를 들어, 하루의 감정을 한 문장으로 정리해보거나, 신뢰하는 사람과 짧은 감정 대화를 시도해보는 것 등이 도움이 된다. 감정은 사고처럼 명확하진 않아도, 표현되는 순간 관계를 잇는 다리가 된다.

주변 사람들 역시 이 성향을 억지로 바꾸려 하기보다, 있는 그대로 인정하고 존중하는 태도가 필요하다. "정말 신중하시네요", "당신의 생각을 들으면 정리가 잘 돼요" 같은 말은 그들의 자존감을 회복시키고, 관계를 더 건강하게 만들어준다. 이들은 누구보다 깊이 있는 사고와 충성도 높은 관계를 지향하는 사람들이며, 자신을 허락한 사람에게는 그만큼 깊은 애정을 가진다.

에베레스트 성향은 높은 기준과 깊은 사고, 감정 억제와 논리 중심의 삶을 살아가는 사람들이다. 그러나 이들도 감정을 느끼고 사랑을 원한다. 다만 그 방식이 다를 뿐이다. 성향의 차이를 이해하고 존중할 때, 서로 다른 두 세계는 조화롭게 이어질 수 있다.

07

미로
: 불안과 의심 속에서 생각을 거듭하는 사람

　미로 성향은 전형적인 머리형에 속하는 사고 중심의 성향이다. 이러한 성향을 지닌 이들은 미로처럼 복잡하게 얽힌 사고 구조를 지닌다. 머릿속에 수많은 생각이 동시에 떠올라 정리가 어렵고, 단순한 문제조차도 수많은 의심과 걱정이 얽혀 결론에 쉽게 도달하지 못하는 경향이 강하다. 이 성향은 본질적으로 '불안'과 깊이 연결되어 있다.

　불안과 걱정은 이 성향의 핵심적인 정서 반응이다. 한 번 마음속에 의문이 생기면 그것이 해결되기 전까지는 쉽게 안정을 찾기 어렵다. '이 선택이 맞을까?', '정말 잘한 걸까?'라는 반복적인 자기 의심이 행동 후에도 이어진다. 이는 단순한 조심성이 아니라, 스스로에 대한 신뢰 부족에서 비롯된 것이다. 자기 자신에 대한 믿음이 약하기 때문에, 타인에 대한 신뢰 역시 낮아지는 경향이 있다.

미로는 생각이 많은 성향이다. 무엇이든 곧바로 실행하기보다는, 먼저 충분히 생각하고 여러 가능성을 검토해야 안심이 된다. 문제는 그 '충분히'의 기준이 일반적인 수준을 넘어선다는 점이다. 하나의 결정을 내리기 위해 만 가지 경우의 수를 상상하고, 그중 최악의 시나리오까지 대비하려는 경향이 있다. 그래서 미로는 자주 "왜 그렇게 걱정이 많아?"라는 말을 듣는다. 그러나 미로의 입장에서는 이것이 단순한 부정적 사고가 아니라, 불확실한 미래에 대비하려는 자연스러운 반응일 뿐이다.

미로 성향의 사람은 불확실성을 견디기 어려워한다. 확실하지 않은 상태, 명확하지 않은 정보는 불안을 증폭시키며, 이는 자기 자신에 대한 신뢰 부족으로 이어진다. 자신을 믿지 못하니 타인도 쉽게 믿지 못하고, 이로 인해 관계에서도 경계심이 높아진다. 미로 성향은 본래 타인에게 피해를 주지 않으려는 배려심이 크지만, 그것이 오히려 '지나친 조심성'이나 '소심함'으로 비쳐질 수 있다.

미로는 책임감 있는 자아상을 원한다. 주어진 일을 충실히 수행하고, 정해진 범위 내에서 정확히 행동하려는 태도가 강하다. 그러나 이로 인해 때로는 융통성이 없다는 오해를 받기도 한다. 예를 들어, 배우자가 설거지를 부탁했을 때, 싱크대 안에 있는 식기들만 씻고 옆에 놓인 컵은 요청에 포함되지 않았다고 판단해 손대지 않는 경우다. 이런 태도는 본인 입장에서는 정확한 지시 이행이지만, 주변에서는 융통성

없고 고지식하게 느껴질 수 있다.

또한, 미로 성향은 타인의 반응을 탐색하려는 경향이 강하다. 예를 들어, 누군가에 대해 "쟤 좀 이상하지 않아?"라고 말하며 미묘한 분위기를 살피려는 모습이 종종 보인다. 이는 비난하거나 험담하려는 의도가 아니라, 관계 속에서 심리적 거리를 확인하고자 하는 일종의 정서 탐색이다. 그러나 그 의도가 이해되지 않을 경우, 주변 사람들은 미로를 뒷말이 많은 사람, 혹은 부정적인 사람으로 오해할 수 있다.

이러한 특성은 어릴 적부터 '착한 아이'로 살아온 이들에게서 두드러지게 나타난다. 부모나 교사의 기대에 부응하며 자란 아이는 감정을 억누르고 자기 욕구를 숨기는 데 익숙해진다. 그러다 청소년기나 성인 초기에 그동안 억눌려 있던 감정이 터지며 주변에서는 달라진 모습으로 느낄 수 있다. 하지만 이는 억눌린 자아가 스스로를 표현하려는 자연스러운 변화 과정이다.

미로 성향은 불안을 단순히 느끼는 것에 그치지 않고, 그 불안을 해결하기 위해 사고의 나무를 계속해서 뻗어나가는 경향이 있다. 어떤 문제가 생겼을 때, 그 문제의 근원을 따지고 또 따져본다. 그래서 누군가는 "왜 이렇게 부정적이야?"라고 반응하지만, 미로에게는 단지 가능성을 고려한 신중한 접근일 뿐이다. 이는 위험을 감지하고 예측하려는 생존 전략이기도 하다.

미로 성향이 건강한 방향으로 나아가기 위해서는, 자신의 사고 패턴을 의식적으로 조절하는 연습이 필요하다. 생각을 멈추는 훈련과 함께, 사소한 결정에서부터 자기 신뢰를 쌓아가는 과정이 요구된다. 일상의 아주 사소한 순간, 예컨대 중국집에서 짜장면을 먹을까, 짬뽕을 먹을까 하는 작은 결정 앞에서도 "오늘은 짜장면을 먹기로 했어. 괜찮은 선택이었어"라고 스스로에게 말해보는 것이다. 이처럼 사소한 선택에서조차 자기 결정을 믿고 지지하는 경험을 반복해야 더 큰 선택 앞에서도 덜 흔들리고 자신 있게 나아갈 수 있다.

또한 걱정이 계속 이어지는 구조도 주의할 필요가 있다. 오늘의 걱정이 해결되더라도 그 잔여 감정이 다음 걱정의 씨앗이 된다. 마치 과거 간장을 담글 때 남은 씨간장을 다음 담금에 쓰듯, 미로의 걱정은 완전히 사라지지 않고 다음 불안을 준비하게 만든다. 이 순환 구조를 끊으려면, 하나의 걱정을 끝맺는 연습도 필요하다. "이건 여기까지 고민했으니 됐다"라고 말하며, 생각을 마무리하는 연습을 해야 한다.

무엇보다 중요한 것은 지지자, 즉 심리적 멘토의 존재다. 누군가가 "괜찮아, 네가 어떤 선택을 해도 나는 너를 믿어"라고 말해줄 때, 미로는 자신을 좀 더 믿게 된다. 그 신뢰가 불안한 감정을 잠재우고, 다시 세상과 연결될 수 있는 힘이 된다. 그러나 궁극적으로는 외부 멘토보다도 '내가 나의 멘토가 되는 것', 즉 자기 자신을 믿고 지지하는 감각이 회복의 핵심이다.

이 성향을 가진 사람은 스스로에게 유난히 엄격한 기준을 적용하기 쉽다. 실패를 두려워하고, 한 번의 선택이 모든 것을 망칠 수 있다는 생각에 쉽게 위축된다. 그렇기 때문에 자기 자신에게 "괜찮아, 이번엔 조금 부족했어도 다음엔 나아질 수 있어"라고 말해주는 연습이 필요하다. 그 작은 수용이 미로를 단단하게 만들어준다.

미로는 머리형 중에서도 불안과 연결된 사고 구조가 가장 복잡한 성향이다. 그러나 그만큼 타인을 배려하고 신중하게 생각하는 힘을 지녔다. 그들의 사고는 단순히 부정적인 것이 아니라, 공동체 안에서 위험을 미리 감지하고 조율하는 능력으로 기능할 수 있다. 이 성향이 건강하게 작동하려면, 자신을 비난하지 않고 이해하는 태도, 그리고 감정을 억누르지 않고 표현하는 연습이 함께 이루어져야 한다.

미로 성향은 '너무 많이 생각하는 사람'이 아니라, '충분히 생각하려 애쓰는 사람'이다. 이 성향을 가진 이들이 보다 건강하게 살아가기 위해서는 자기 이해와 자기 수용, 그리고 적절한 정서적 지원이 반드시 필요하다. 불안과 걱정을 부정하지 않고, 그 감정에 이름을 붙이고 다루는 법을 익힐 때, 미로는 삶의 복잡함 속에서도 스스로 길을 만들어 갈 수 있다.

08

와이키키
: 오늘을 축제처럼 즐기는 사람

와이키키라는 단어만 들어도 어딘가 즐겁고 경쾌한 기분이 든다. 열대 해변과 야자수가 드리워진 풍경, 밝은 햇살 아래 사람들의 웃음소리가 들리는 듯한 이미지가 연상된다. 이 성향은 이름처럼 즐거움과 행복을 중심으로 삶을 바라본다. 와이키키 성향은 '한 번 사는 인생, 즐겁고 행복하게 살아가자'는 철학을 기반으로 한다.

삶의 방향성이 '즐거움'과 '행복'에 맞춰져 있다는 점에서 와이키키는 매우 본능적이고 솔직한 성향이다. 현재를 최우선으로 여기는 경향이 강하며, 내일을 위한 희생보다는 오늘을 누리는 데 초점을 맞춘다. 소금산처럼 미래를 위한 계획과 전략을 중시하는 성향과 비교하면, 가치관 자체가 완전히 다르다. 소금산이 '내일을 위해 오늘을 절제

해야 한다'고 여긴다면, 와이키키는 '내일은 아무도 모르니까 오늘을 마음껏 즐기자'는 입장이다.

이들은 자발적 비혼이나 딩크(DINK·맞벌이를 하면서 자녀를 두지 않는 부부)처럼 기존의 틀을 벗어난 삶의 방식을 선택하기도 하며, 남의 시선보다 자신의 만족과 감정의 충만함을 더 중요하게 여긴다. 이런 점에서 와이키키 성향은 종종 '욜로(YOLO·한 번뿐인 인생을 즐기며 살자는 태도)'와 맞닿아 있다. 하지만 이처럼 즐거움을 추구하는 모습이 때때로 책임감 부족이나 현실 회피로 비춰질 때는, 주변의 오해와 비난을 사기도 한다.

와이키키는 자신의 정체성을 '즐거운 사람', '에너지가 넘치는 사람'으로 유지하길 원한다. 타인에게 긍정적 감정을 전파하고, 그로 인해 자신도 행복감을 느낀다. "너랑 있으면 참 즐거워"라는 말은 와이키키에게 큰 만족과 위로가 되며, 반대로 "현실감이 없다", "왜 맨날 노는 것만 좋아하냐"는 말은 정체성 자체를 부정당한 듯한 깊은 상처로 남는다.

와이키키 성향은 책임감보다 자유와 즐거움에 더 민감하게 반응한다. 이 성향을 지닌 사람은 현재의 기분과 흥미에 강하게 끌리는 경향이 있어, 때로는 책임감이 부족해 보이거나 상황을 절제하지 못하는 모습을 보이기도 한다. 자신에게 유리한 방향으로 상황을 해석하거나, 자신만의 논리로 행동을 정당화하는 경우도 많다.

예를 들어, 와이키키 성향의 사람이 영업사원이라면 다음과 같은 장면이 펼쳐질 수 있다. 오후 1시에 고객과 만나 유쾌하게 대화를 나누다 보면, 어느새 시간이 훌쩍 지나가고 2시 약속이 코앞으로 다가온다. 그러나 대화가 즐겁고 분위기가 좋아 쉽게 자리를 뜨지 못한다. 결국 그 순간의 기분을 놓치고 싶지 않다는 이유로 다음 약속을 미루는 일이 벌어진다. 이처럼 '지금 이 순간'을 놓치지 않으려는 욕구가 책임보다 앞서는 것이다.

이러한 성향은 감정적인 측면에서도 비슷한 방식으로 나타난다. 와이키키는 갈등이나 스트레스 같은 불편한 상황에 직면했을 때, 이를 정면으로 마주하기보다는 피하거나 외면하려는 본능이 먼저 작동한다. 몸이 아프거나 정서적으로 부담스러운 일이 생기면, 문제를 해결하기보다는 그 자리를 피하려는 쪽으로 기울기 쉽다. 그래서 때로는 연락을 끊거나 갑작스럽게 잠적하는 행동으로 이어지기도 한다.

실제로 온라인 커뮤니티에서도 '자꾸 잠수를 타는 친구를 어떻게 해야 하느냐'는 고민 글이 종종 올라온다. 와이키키 성향을 이해한다면, 이런 행동이 단순한 무례나 무책임이 아니라, 그들 나름의 감정적 회피 방식임을 알 수 있다. 그들은 힘든 감정에 오래 머무르는 것을 불편해하고, 그것을 마주하기보다는 웃고 넘기며 기분을 전환하려는 쪽을 택한다. 밝은 표정과 유쾌한 태도로 상황을 덮어버리는 것도, 감정을 마주하는 대신 피하려는 그들만의 방어기제다.

이처럼 와이키키 성향은 갈등과 불편한 감정에 직면하는 대신, 회피하거나 분위기를 바꾸는 방식으로 상황을 넘기려 한다. 겉보기에는 명랑하고 쾌활해 보일 수 있지만, 그 이면에는 감정적 충돌을 두려워하고 회피하려는 심리가 자리하고 있는 경우가 많다.

결혼 생활에서도 이러한 회피적 특성이 드러난다. 와이키키는 결혼 초반에는 "너무 재밌을 것 같다", "즐겁게 잘 살아갈 것 같다"는 기대에 들뜨기도 하지만, 막상 현실이 예상보다 재미없고 반복적일 때는 금세 의욕을 잃는다.

이들은 어려움이 생겼을 때 문제를 들여다보고 해결책을 찾는 대신, "내가 굳이 이렇게까지 살아야 하나?", "안 될 것 같다"는 감정으로 상황을 회피해 버리기도 한다. 상담 센터에 가서 해결책을 찾기보다, 그 과정을 번거롭고 귀찮다고 여겨 관계 자체를 포기해버리는 경우도 있다. 이러한 회피는 개인의 책임 회피로 이어질 수 있고, 결국 문제는 해결되지 않은 채 관계가 단절되기도 한다.

이러한 회피 성향은 단기적으로는 스트레스를 줄일 수 있지만, 장기적으로는 관계의 신뢰를 무너뜨릴 수 있다. 와이키키가 건강하게 살아가기 위해서는 자신의 삶과 선택에 대한 책임을 자각하고, 그것을 감정적으로도 받아들이는 연습이 필요하다. 단순히 경제적인 자립이 아니라, 감정적 책임과 자기조절 능력이 함께 자라야 한다.

새로움에 대한 강한 욕구는 와이키키의 또 다른 특징이다. 새로운 경험, 새로운 사람, 새로운 환경에 쉽게 흥미를 느끼고, 이러한 자극은 곧바로 높은 에너지로 이어진다. 일상 속에서도 반복보다는 변화를 추구하며, 흥미와 몰입이 동시에 일어날 때 가장 탁월한 역량을 발휘

한다.

　이러한 특성은 창의성과도 깊이 연결된다. 정해진 틀보다는 자유로운 사고와 감각을 중시하는 와이키키는, 독창적이고 유연한 아이디어를 발휘하는 데 유리하다. 그러나 흥미가 사라지면 금세 집중력을 잃고, 새로운 자극을 찾아 떠나는 경향도 강하다.

　이들에게 변화를 이끌어내고자 할 때는 '통제'보다는 '유도'가 효과적이다. '바람과 해'의 우화처럼 강한 압박보다는 따뜻한 말 한마디가 더 큰 힘을 발휘한다. 자유와 감정을 존중해 주되, 그 안에서 책임감과 지속성을 자연스럽게 함께 세워가는 방식이 가장 이상적이다.

　와이키키는 단순한 낙천주의자가 아니다. 현재를 즐기되, 그 안에서 책임을 다할 수 있을 때 비로소 진정한 자유와 즐거움이 완성된다. 이들은 유쾌하고 창의적인 에너지를 지닌 존재이며, 그 밝음을 지속 가능하게 만들기 위해서는 내면의 힘과 외부의 지지가 균형 있게 작용해야 한다.

　지금 이 순간을 온전히 즐기고 만족할 수 있는 능력, 그것이 와이키키의 가장 큰 자산이다. 그리고 그 힘이 책임감과 조화를 이룰 때, 와이키키는 자신만의 빛나는 삶을 완성해 갈 수 있다.

Part 2

부부 갈등의
뿌리를 찾아서

01

우리는 왜 상처받는가
: 부부 갈등이 시작되는 다섯 가지 문제

부부 관계에서 가장 중요한 것은 '사랑'이다. 그 사랑의 본질은 '감정'에 있다. 그렇다면 부부가 함께 살아가면서 가장 중요하게 지켜야 할 것은 감정을 잘 유지하고 보호하는 일이다. 감정이 자주 상하면 사랑은 지속되기 어렵다.

그렇다면 부부 사이에서 감정이 상하는 순간은 언제일까? 많은 사람이 배우자가 자신의 마음을 몰라줄 때 크게 상처 받는다고 말한다. 설명하지 않아도 알아주기를 바랐는데, 상대가 그 마음을 이해하지 못하거나 외면했을 때, 우리는 서운함과 함께 깊은 상실감을 느끼게 된다. 말투 하나, 전달 방식 하나에도 감정은 쉽게 상할 수 있다. 상의하지 않고 혼자 결정할 때, 배려가 부족할 때, 대화가 단절될 때, 그 모든 것이 감정을 흔들어놓는다. 그런데 이 감정의 상처가 꼭 사랑이 식었기 때문에 생기는 건 아니다. 사랑하는 마음은 여전히 존재하지만, 감정은 얼마든지 상할 수 있다. 그래서 우리는 그 감정이 상하는 지점을 정확히 이해할 필요가 있다. 부부가 일상에서 주로 감정이 상하는 영역은 크게 다섯 가지로 나눠볼 수 있다.

첫 번째는 **'경제 문제'**다. 결혼과 동시에 부부는 경제 공동체가 된다. 이때 가장 먼저 마주하는 현실이 '경제관념의 차이'다. 돈을 바라보는 관점은 사람마다 다르다. 누군가는 '많이 벌어 풍족하게 써야 한다'고 생각하고, 다른 누군가는 '필요한 만큼만 있으면 된다'고 여긴다. 어떤 이는 좋은 물건을 하나 사서 오래 쓰는 것이 현명하다고 믿고, 또 다른 이는 저렴한 제품을 실용적으로 구입하는 것이 낫다고 판단한다.

이처럼 근본적인 소비 기준이 엇갈릴 경우, 부부 사이의 갈등은 피할 수 없다. 명품 가방을 구입하는 게 타당한지, 외식을 얼마나 자주 하는지, 지출의 기준을 어디에 두어야 하는지 등의 문제는 단순한 경제적 판단을 넘어선다. 이 영역에는 서로 다른 가치관이 부딪히고, 감정이 격렬하게 충돌하는 순간들이 숨어 있다.

실제 사례에서도 그런 차이가 뚜렷하게 드러난다. 소금산과 사막 성향을 가진 사람은 절제와 계획, 실용성을 중시한다. 경제적 안정과 성공을 향한 열망이 강하고, '잘 벌어서 잘 쓰자'는 철학을 따른다. 반면,

와이키키 성향은 자유롭고 유쾌한 삶을 지향하며, 소비에 있어서도 '지금 이 순간의 즐거움'을 우선한다. 그렇다고 무절제하게 소비하는 것은 아니다. 필요하다고 느끼는 것에는 아낌없이 쓰되, 그렇지 않은 부분은 극도로 절제하는 모습을 보인다.

활화산 성향은 이와는 또 다르다. 감정적으로 뜨거운 에너지를 지녔지만, 의외로 소비에 있어서는 절제력이 있다. 특히 교육비에 인색한 경향이 두드러진다. '공부할 아이는 시키지 않아도 한다'는 확고한 신념이 있어, 자녀 교육을 위한 지출을 불필요한 투자로 보는 경향도 있다. 반면, 음식이나 기분 전환을 위한 지출에는 관대하다. 지중해 성향의 사람은 자신의 것을 줄여서라도 타인에게 베풀고 싶어 한다. 반면 소금산과 사막 성향은 '나를 위한 소비'가 기본이다.

와이키키 성향에는 마치 작은 균열이 있는 항아리처럼, 어디선가 돈이 빠져나가는 구조가 내재되어 있다. 사막 성향을 가진 이들은 나름 계획적으로 소비하지만, '이건 괜히 샀다'며 속으로 후회하는 경우가 많다. 겉으로는 쿨한 척하지만 내면은 복잡한 것이다. 이를 지켜보는 소금산 성향의 배우자는 겉으로는 '괜찮다'라고 말하지만, 속은 타들어간다. 와이키키와 활화산 성향은 필요하다고 판단되면 과감히 쓰지만, 그 범위가 매우 좁고 뚜렷하다. 이렇게 서로 다른 소비 철학은 일상의 곳곳에서 마찰을 일으킨다.

이럴 때 필요한 것은 '합의'다. 저축과 소비의 균형을 어떻게 맞출지, 어떤 기준을 함께 세울지에 대한 조율이 중요하다. 단순히 여유자금

이 생겼을 때 저축하는 식이 아니라, 소비 이전에 저축을 우선하는 방향으로 두 사람의 생각이 맞춰져야 한다. 공동 통장을 만들어 일정 금액을 함께 관리하는 것도 한 방법이 될 수 있다. 특히 부부 모두 적당히 절약하면서도 소비를 중시하는 성향이라면, 명확한 기준과 규칙 없이 재정의 방향을 함께 잡아가기는 쉽지 않다.

경제는 감정의 지뢰밭이 될 수 있다. 신뢰가 뒷받침되지 않으면, 돈은 단순히 숫자를 넘어 관계의 상징이 된다. 결국 돈 문제는 관계의 문제다. 상대를 이해하려는 태도와 구체적인 합의가 없다면, 아무리 수입이 많아도 만족과 평화는 얻기 어렵다.

두 번째는 '**생활 습관**'의 차이다. 결혼 전에는 서로 다른 생활 방식이 각자의 삶으로 존중받았지만, 결혼 후에는 같은 공간에서 함께 살아가면서 그 차이가 드러나고, 감정 충돌로 이어지기 쉽다. 청소, 위생, 수면, 식사, 말투, 심지어 한숨이나 혼잣말까지, 일상의 모든 행동이 서로의 감정에 영향을 준다.

일상에서는 생각보다 사소한 일들이 갈등의 씨앗이 된다. 예를 들어, 음식물 쓰레기를 언제 치우느냐를 두고도 다툼이 생긴다. 한쪽은 냄새가 나기 전에 바로 처리하는 것이 당연하다고 여기지만, 다른 한쪽은 그 일이 번거롭고 불편하게 느껴진다. 이런 태도의 차이는 작은 논쟁으로 시작해 점점 더 큰 갈등으로 번지기도 한다. 전자제품을 둘러싼 생각 차이도 마찬가지다. 가령 건조기를 놓고, 한 사람은 빨래를 너는 수고를 줄이고 건조 시간을 단축할 수 있어 꼭 필요하다고 말하지만, 다른 사람은 햇볕에 말리는 것이 더 자연스럽고 건강하다고 생각할 수 있다. 겉보기엔 사소한 문제처럼 보이지만, 이러한 차이들이 누적되면 생각보다 깊은 감정의 골로 이어질 수 있다.

수면 습관은 부부 갈등의 주요 원인이 될 만큼 민감한 영역이다. 한 사람은 깜깜하고 조용한 환경에서만 잠들 수 있는 반면, 다른 한 사람은 잠들기 전 스마트폰을 보는 것이 습관이라면, 그 불빛과 소리만으로도 충돌이 생긴다. 특히 정숙한 분위기를 중시하는 사람과 영상 시청을 즐기는 사람이 함께 지낼 경우, 반복되는 불편함 끝에 각방을 선택하기도 한다. 이는 단순한 공간 분리가 아니라, 심리적 거리감으로 이어질 위험도 있다.

술에 대한 인식 차이 역시 부부 갈등의 요인이 된다. 한 사람은 단순히 가볍게 즐기는 수준이라 여기지만, 다른 한 사람에게는 반복되는 음주가 불안과 스트레스로 다가온다. 스스로는 술을 마신 뒤에도 평소와 다르지 않다고 생각할 수 있지만, 배우자는 말투나 걸음걸이만으로도 술기운을 감지하고 불편함을 느낀다. 이러한 상황이 반복되면 신뢰에 금이 가고, 마음의 틈은 더 깊어진다. 여기에 음주 후유증이나 예기치 못한 사고 가능성은 가족에게 또 다른 불안을 안겨준다.

흡연 역시 부부 갈등의 단초가 된다. 결혼 전에는 "결혼하면 끊겠다"고 약속하지만, 실제로는 몰래 피우는 경우도 적지 않다. 담배 냄새는 비흡연자에게 단순한 불쾌감을 넘어 신체적인 스트레스로 다가올 수 있다. 그러나 갈등의 본질은 냄새보다도, 약속을 지키지 않았다는 데 있다. 신뢰가 무너지는 순간, 관계의 온도는 서서히 식어간다.

　코골이 역시 결코 가볍게 넘길 수 없는 생활 습관이다. 수면에 민감한 배우자에게는 숙면을 방해하는 주요 요인이며, 반복되면 결국 따로 자는 상황으로 이어지기 쉽다. 코골이 치료를 제안해도 병원을 찾거나 실제로 개선을 위한 노력이 없으면, 무관심하거나 의지가 없다고 받아들여져 갈등은 깊어진다. "먼저 자. 내가 들어가면 잠 못 잘 테니까"라는 말은 배려처럼 들릴 수 있지만, 시간이 지날수록 정서적인 거리감을 만드는 계기가 되기도 한다.

　생활 습관은 결코 사소한 문제가 아니다. 함께 살아가는 데 있어 중요한 배려의 문제다. 그렇기에 서로 다름을 고쳐야 할 결함으로 보지 않고, 함께 조율해가는 주제로 인식하는 태도가 필수다. 내가 불편하다고 해서 상대를 비난하기보다는, 왜 그 행동이 반복되는지를 이해하고, 서로에게 맞는 중간 지점을 찾으려는 노력이 필요하다.

　세 번째는 **'고부갈등'과 '장서갈등'**이다. 요즘 부부 갈등의 상당 부분은 원가족과의 관계에서 비롯된다. 과거에는 주로 시어머니와 며느리 사이의 갈등이 많았다면, 최근에는 사위와 장인·장모 사이에서도 적지 않은 긴장이 발생한다. 겉보기에는 화목한 가족처럼 보이지만, 부모의 간섭이나 지나친 개입은 부부 사이에 미묘한 균열을 일으키는 원인이 되곤 한다.

이 문제의 핵심은 '부모로부터의 독립'이다. 부부가 온전한 관계를 세우기 위해서는 경제적인 독립뿐 아니라 정서적, 심리적인 독립까지 이루어져야 한다. 단순히 부모의 지원 없이 생활한다고 해서 독립이라 말하긴 어렵다. 부모에게 의지하지 않는 것은 기본이며, 지나치게 밀착된 관계 역시 문제가 될 수 있다.

결혼이란, 각자의 가족이라는 큰 배에서 내려와 부부라는 새로운 작은 배에 올라타는 일이다. 이제는 둘만의 항해를 시작해야 한다. 그런데 이 작은 배가 여전히 큰 배들 옆에 붙어 있다면 어떻게 될까. 당연히 흔들릴 수밖에 없다. 안정적인 항해를 위해서는 부모의 영향력에서 일정한 거리를 두는 것이 반드시 필요하다.

하지만 현실에서는 부모의 도움을 당연하게 여기거나, 부모 스스로 그것을 당연한 역할로 여기는 경우가 많다. 특히 자녀가 결혼한 이후에도 계속 뒷바라지해야 한다고 믿는 부모들이 적지 않다. 예를 들어, 시어머니가 아들에게 자주 전화해 일상을 챙기는 모습은 어머니로서의 관심과 애정일 수 있다. 그러나 아내의 입장에서는 그 행동이 사사건건 간섭처럼 느껴질 수도 있다. 반면 자신이 친정엄마와 자주 연락하는 일은 자연스럽고 당연하다고 여기기 쉽다. 독립은 어느 한쪽만의 노력으로 이루어지지 않는다. 부부가 함께 조율하고 균형을 맞춰가야 할 공동의 과제다.

경제적인 문제에서도 갈등은 자연스럽게 생겨난다. 특히 양가의 경제적 상황이 다를 경우, 그 차이는 더욱 민감하게 작용한다. 예컨대, 함께 외식할 때마다 시부모가 한 번도 계산하지 않고, 매번 부부가 비용을 부담하는 상황이라면 아내는 점점 불편함을 느낄 수밖에 없다. 반면 친정부모는 형편이 넉넉해 외식자리에서 자주 밥값을 부담하고 있다면, 이런 차이는 부부 사이에 미묘한 감정의 틈을 만들기도 한다.

오늘날에는 부모가 먼저 자식에게 다가와 도움을 주려는 경우가 많다. 밥을 사주고, 여행을 제안하며 물질적인 지원도 아끼지 않는다. 부모 입장에서는 자신이 베푸는 위치에 있기 때문에 이를 좋은 일이라 여기기 쉽지만, 그 호의가 며느리나 사위에게는 언제나 반가운 것만은 아니다. 양가 모두 일정한 거리와 균형을 유지하지 않으면, 부부 관계는 언제든 흔들릴 수 있다.

결혼은 두 사람이 새로운 가족을 이루는 중요한 전환점이다. 이 과정에서 당사자뿐만 아니라 양가 가족 모두가 관계의 변화를 인식하고, 새로운 가족 구성원을 독립된 인격체로 존중하는 태도가 필요하다. 결혼 전과 같은 말투나 습관을 그대로 유지한다면, 배우자는 그 가족 안에서 늘 낯선 존재로 소외감을 느낄 수 있다.

부모가 자녀를 대하는 방식은 형제 간의 관계에도 영향을 미친다. 부모가 한쪽 자녀만 편들거나 차별하는 모습이 반복되면, 그 불편한 감정은 부부 관계에도 그대로 스며든다. 형제간에 존중이 부족하거나, 무례한 말투를 쓰는 상황은 배우자에게 상처가 되고, 결국 가족 전체의 분위기를 불편하게 만든다.

결국 시월드와 처월드 문제의 본질은 '독립'에 있다. 단순한 경제적 독립을 넘어 언어적, 정서적인 독립까지 이루어져야 부부는 건강한 관계를 유지할 수 있다. 부모 역시 자녀가 결혼했다면 이제는 새로운 가정으로서 자율성을 인정해주어야 한다. 독립된 가정으로 존중받고, 그 안에서 자율성을 지킬 수 있을 때 진정한 화합이 가능하다.

다섯 번째는 '**성 생활**'이다. 부부 사이의 성은 단순한 본능이나 감정의 분출이 아니다. 서로에 대한 사랑을 유지하고, 깊은 유대감을 형성하기 위한 중요한 소통 방식이자 관계의 기술이다. 감정적인 연결만큼이나 육체적인 친밀감도 관계의 지속과 안정에 필수적인 요소다. 그렇기에 성에 대한 이해와 성숙한 태도는 반드시 필요하다.

그러나 현실에서는 여전히 성에 대한 충분한 이해 없이 결혼하는 경우가 많다. 특히 남성의 경우, 성에 대한 인식을 왜곡된 영상이나 포르노를 통해 형성하는 일이 적지 않다. 문제는 이 같은 장면들이 실제와는 큰 차이가 있으며, 여성에 대한 왜곡된 이미지와 비현실적인 기대를 심어준다는 데 있다. 그 결과 건강한 성생활이 어려워지고, 상대를 있는 그대로 받아들이는 데도 장애가 생긴다.

만족스러운 성관계를 위해서는 올바른 정보를 바탕으로 상대의 신체적 특성과 감정의 흐름을 이해하고 배려하는 태도가 필요하다. 성은 인간의 본능적 욕구이기도 하지만, 부부 관계 안에서는 서로에 대한 신뢰와 애정을 나누는 중요한 과정이기 때문이다.

또한 성기능은 타고난 것만으로 결정되지 않는다. 남성과 여성 모두 스스로의 몸을 이해하고 기능을 유지하기 위한 관리가 필요하다. 문제가 생겼을 경우에는 병원을 찾아 진단과 치료를 받는 것이 자연스러운 절차다. 하지만 성은 자존심과 밀접하게 연결되어 있어 문제를 인정하거나 치료를 시도하는 데 주저함이 따르기 쉽다. 이러한 회피는 결국 부부관계에 깊은 균열을 만들 수 있다. 특히 출산 전후에는 여성의 신체에 큰 변화가 생기고, 육아에 대한 부담까지 더해지면서 성적인 욕구나 반응이 이전과 달라질 수 있다. 이 시기의 신체적·정서적 변화를 이해하지 못하고 이전과 같은 방식으로 성관계를 시도하면, 정서적 유대가 약해지거나 심리적 거리감이 더 커질 수 있다. 그렇기에, 부부가 함께 변화에 대해 인식하고 존중하는 태도가 필요하다. 성에 대한 접근은 감정만이 아니라 정확한 지식과 이해를 기반으로 해야 한다.

부모의 성에 대한 인식은 자녀에게도 무의식적으로 영향을 미친다. 아이들은 부모의 말투와 태도, 무심코 드러나는 행동을 통해 성에 대한 관점을 자연스럽게 형성해 나간다. 따라서 자녀가 있는 가정이라면 성에 대한 태도와 표현 방식에 더욱 신중을 기할 필요가 있다. 성은 단순한 육체적 행위가 아니라, 신뢰와 존중, 배려가 함께 작동하는 민감한 영역이다. 이 영역에서 비롯된 상처는 깊고, 쉽게 회복되지 않는 경우가 많다.

또한, 외도는 결코 단순한 실수로 넘길 수 없다. 이는 상대에게 깊은 불안과 상처를 남기며, 그 여파는 시간이 지나도 쉽게 치유되지 않는다. 관계를 회복하려면 긴 시간과 진심 어린 노력이 필요하다. 그렇기에 평소의 작은 행동 하나도 신중할 필요가 있다. 예를 들어, 기혼자가 이성과 단둘이 술을 마시는 상황은 오해를 사기에 충분하다. 가능한 한 그런 상황 자체를 피하는 것이 바람직하며, 부득이한 경우라면 미리 배우자에게 설명하고 이해를 구하는 태도가 필요하다.

결혼을 하면 더 이상 익숙한 방식만 고집할 수 없다. 서로의 다름을 인정하고 함께 살아가기 위해 끊임없이 조율하고 변화해야 한다. 경제 문제와 생활 습관, 양가 가족과의 관계, 육아, 성생활 등 모든 영역에서 유연한 태도와 배려가 필요하다. 변화는 생각에서 시작된다. 생각이 바뀌면 행동이 달라지고, 행동이 달라져야 삶이 바뀐다.

감정이 상하지 않도록 서로를 배려하고 노력하는 것, 그것이 부부가 함께 살아가는 기본적인 자세다. 상담실을 찾아오는 이들의 갈등은 대부분 이 기본이 무너진 데서 시작된다. 이때 중요한 것은 상대의 잘못을 지적하기보다는 자신이 어떤 점에서 부족했는지를 먼저 돌아보는 일이다. 또한 상처받은 배우자의 마음을 진심으로 위로하는 태도 역시 필수적이다. 위로란 일회적인 말 한마디로 끝나는 것이 아니다. 상대의 마음이 회복될 때까지 오랜 시간 정성을 기울여야 한다. 그것이 함께 살아가는 부부의 바람직한 태도다.

건강하고 행복한 부부 관계는 당연한 것처럼 보이지만, 현실은 훨씬 더 복잡하다. 많은 부부들이 예상보다 더 잦고 다양한 갈등 속에서 살아간다. 앞서 성향에 대한 기본적인 이해를 살펴보았다면, 이제는 실제 사례를 통해 서로 다른 성향을 가진 부부가 어떤 문제에 부딪히는지, 그리고 그 문제를 어떻게 해결할 수 있을지 구체적으로 알아볼 차례다.

02

성향이 다르면
갈등도, 해법도 다르다

소금산 성향의 착한 남편, 왜 아내는 외로웠을까

효자 남편의 헌신이 불편한 아내 ◆

소금산은 장형 성향의 대표로, 기준과 예의를 무엇보다 중시한다. 삶의 모든 영역에서 질서와 책임을 강조하며, 이 기준이 무너지면 감정이 상하고 예민해진다. 본인의 생각과 태도가 '옳다'는 확신이 강해, 타인의 다름을 수용하는 데 어려움을 겪는다. 타인의 시선을 신경 쓰며, 남들에게 부끄럽지 않은 사람으로 보이고자 한다. 이러한 특성은 가족관계 안에서도 반복적인 지적과 통제로 나타날 수 있다. 감정 표현은 단호하지만 정작 본인은 화를 내고 있다는 사실을 인지하지 못하는 경우가 많다. 말투가 딱딱하거나 표정이 굳어 있어도, 자신은 단지 조언했을 뿐이라고 생각한다.

예를 들어, 아이가 주말 아침 늦잠을 자고 있을 때, 소금산 성향의 부모는 참지 못하고 도마 소리를 유난히 크게 내거나 프라이팬을 일부러 세게 내려놓으며 '일어나야 할 시간'임을 간접적으로 알린다. 하지만 정작 본인은 무표정한 얼굴로 "화난 거 아니야"라고 말한다. 이는 자신의 감정을 제대로 인지하지 못한 채 행동으로 드러내는 소금산 성향의 전형적인 모습이다.

소금산이 겪는 갈등의 본질은 '다름을 틀림으로 해석하는 태도'에 있다. 자신의 기준이 옳다고 믿기 때문에 배우자의 방식이나 태도가 기준에 미치지 못하면 실망과 분노를 느끼게 된다. 이때 그 감정은 곧바로 지적이나 잔소리로 이어진다. 이러한 표현이 반복될수록 상대는 통제받고 있다는 생각에 불만이 쌓이고, 피로감을 느낀다. 특히 말보다 행동을 중시하는 소금산 성향의 특성상, 기대에 미치지 못한 배우자의 태도나 습관을 보는 것만으로도 스트레스가 유발된다.

한 부부의 사례가 이를 잘 보여준다. 남편은 원칙과 기준을 중시하는 소금산 성향에 따뜻한 공감 능력을 지닌 지중해 성향이 더해져 있었다. 반면 아내는 정서적으로 예민하고 걱정이 많은 미로 성향에 질서와 규범을 중요하게 여기는 소금산 성향이 결합되어 복합적인 내면 구조를 이루고 있었다. 아내는 과거 아버지로부터 받았던 억압과 정서적 불안정의 영향으로, 자기주장이 강하고 통제 성향이 강한 사람에 대한 거부감이 있었다. 그래서 오랜 시간, 다정하면서도 공감을 잘 해주는 배우자를 찾았고 무려 백 번이 넘는 소개팅 끝에 남편을 만나 결혼하게 되었다. 결혼 초반, 남편은 매우 이상적인 배우자로 느껴졌다. 매일 아침 가족의 식사를 준비하고, 집안일을 도맡아 하면서도 생색 한 번 내지 않고 성실하게 살아가는 모습에 주변에서도 칭찬이 자자했다. 그러나 시간이 흐르며 아내는 남편의 따뜻함이 오롯이 자신과 자녀를 향하는 것이 아니라, 남편의 부모를 포함한 넓은 가족 전체로 퍼져 있다는 사실에 외로움을 느끼기 시작했다.

남편은 전형적인 효자였다. 지방에 거주하는 부모가 서울에 볼일이 있을 때마다, 그는 본가까지 내려가 부모를 모셔오고, 일정을 마친 뒤에는 다시 지방까지 모셔다드리기를 주말은 물론 평일에도 반복했다. 그는 이 모든 과정을 너무도 자연스럽고 당연한 일로 여겼고, 부모 역시 그의 수고를 특별한 것이라기보다 마땅한 일로 받아들였다. 그러나 아내에게는 이러한 반복적인 헌신이 점점 큰 부담으로 다가왔다.

남편은 자신이 가정에도 최선을 다하고 있다고 여겼다. 자녀의 식사와 어린이집 등원을 챙기고 집안일을 돕는 그는 분명 좋은 남편이었다. 그러나 아내는 그 따뜻함이 가족을 향한 전폭적인 애정이라기보다, 시댁과의 관계에서 파생된 의무감의 연장선으로 느꼈다. 주말이 가까워질 때마다 남편이 건네는 "이번 주에 별일 없지?"라는 말은, 아내에게 시댁 일정에 참여하라는 일종의 사전 통보처럼 들렸고, 그 자체로 스트레스가 되었다.

아내는 부부와 자녀 중심의 가족 구조를 중시하는 성향이었다. 반면 남편은 형제자매와 부모까지 포함하는 확장된 가족 개념을 당연하게 여겼다. 결국 '가족'이라는 같은 단어가 두 사람에게는 전혀 다른 범위를 의미하고 있었던 것이다.

이러한 시각 차이는 부부 갈등으로 이어졌고, 그 여파는 자녀에게도 영향을 미쳤다. 아이가 학교에서 따돌림을 당해 힘들어할 때, 부모는 감정보다는 이성에 의존해 문제를 해결하려 했다. 아이가 학교에 가기 싫다고 털어놓았을 때도, 먼저 공감하기보다는 조언부터 건넸고, 결국 아이는 정서적으로 방치되었다. 부부 간의 갈등과 피로가 쌓이면서 자녀에게 충분한 돌봄과 지지가 미치지 못했던 것이다.

갈등의 본질은 남편의 헌신이 아내와 자녀 중심의 가정보다, 시댁을 포함한 확장 가족을 향하고 있었다는 데 있었다. 남편은 자신의 행동이 오히려 가정의 균형을 무너뜨리고 있다는 사실을 인식하지 못했고, 아내는 그런 남편의 태도에 점점 더 큰 외로움과 거리감을 느끼게 되었다.

이처럼 갈등이 깊어진 상황에서 회복을 위해 가장 필요한 것은 우선순위의 재정립이다. 남편은 부모에 대한 헌신이 곧 자신의 정체성과도 같다고 느꼈지만, 결혼 이후에는 배우자와 자녀가 중심이 되어야 한다는 인식을 받아들여야 한다. 반대로 아내도 남편의 행동을 단순한 자기중심적인 태도로만 해석하기보다는, 그의 성향에서 비롯된 자연스러운 반응임을 이해할 필요가 있다.

실질적인 해결 방법으로는 첫째, 부부가 함께 '가족'의 정의와 우선순위에 대해 솔직하게 대화하는 시간을 가져야 한다. 둘째, 남편은 원가족에 대한 헌신이 가정에 미치는 영향을 점검하고, 균형 잡힌 참여 방식을 마련해야 한다. 셋째, 아내는 자신의 감정을 좀 더 구체적으로 표현하며, 남편에게 정서적 연결을 요구하는 방식을 보다 효과적으로 조율해봐야 한다.

소금산과 지중해 성향의 남편은 기본적으로 사랑과 공감의 사람이다. 그 따뜻함이 배우자와 자녀에게도 온전히 닿기 위해서는, 그 에너지의 방향을 조율하는 것이 중요하다. 진정한 효도는 자신의 가정을 소홀히 하지 않는 범위 내에서 이루어져야 한다는 인식이 자리 잡아야 한다. 또 부부가 서로의 성향을 이해하고 존중하는 과정 속에서만 관계의 균형은 회복될 수 있다는 점을 인지해야 한다.

갈등의 불씨는 의외로 아주 사소하다 ━━ ◆

소금산 성향은 세상을 바라보는 시선부터 다르다. 작은 것도 그냥 지나치지 않는다. 옷이 삐뚤게 걸려 있는지, 단추는 제대로 채워졌는지, 물건이 제자리에 있는지를 민감하게 인식한다. 마치 눈에 돋보기를 단 것처럼, 모든 것이 시야에 들어온다. 그리고 더 중요한 것은 그것들이 왜 그렇게 되어 있는지에 대한 설명이 필요하다는 점이다. 그래서 "왜 이렇게 옷을 막 벗어놨어?", "이걸 왜 여기다 둬?", "단추는 왜 제대로 안 채웠어?"와 같은 말들이 자연스럽게 튀어나온다.

이것은 단순한 취향이나 성격의 차원을 넘어선다. 소금산과 같은 장형 성향은 외부의 질서와 정돈을 통해 내면의 안정감을 확보한다. 정돈되지 않은 환경은 곧 불안의 원인이 되고, 그 불안은 말로 드러나기 쉽다. 특히 배우자에게 이러한 반응이 더 강하게 나타나는 데는 이유가 있다. 소금산 성향은 타인의 시선을 매우 의식하는 경향이 있어, 배우자의 외모나 말투, 행동 하나하나를 '남들이 어떻게 볼까'라는 기준으로 바라보게 된다. 단정하지 못한 차림을 보면 그 자체보다도 타인의 시선이 먼저 떠오르고, 걱정이 앞선다. 그래서 "당신을 무시하거나 부끄럽게 여기는 게 아니라, 남들에게 좋은 인상을 주었으면 해서 그래"라는 설명이 뒤따른다.

문제는 이러한 가치가 부부 사이에 동일하게 공유되지 않을 때 발생한다. 한 사람은 정리정돈을 삶의 기본이라 여기지만, 다른 사람은 '살림은 원래 좀 흩어져 있어야 사람 사는 집이지'라고 생각한다면 갈등이 생길 수밖에 없다. 누군가는 어수선한 집이 보기만 해도 답답하고, 다른 누군가는 치우라는 말이 반복되면 그것을 잔소리나 간섭으로 받아들인다.

소금산 성향은 사랑을 기준과 지침으로 표현한다. "식사 후엔 곧바로 치워야 해", "정리가 되어 있어야 마음이 편해"와 같은 말들은 본인의 생활 기준에 따른 배려일 수 있지만, 듣는 사람에겐 지적이나 통제로 들릴 수 있다. 특히 감정 표현이 강한 활화산이나 자기 기준이 뚜렷한 에베레스트 성향과의 조합에서는 이런 말 한마디가 갈등을 쉽게 격화시킨다. 심지어 같은 소금산 성향끼리 만났을 때도 각자의 기준이 다르면 충돌이 잦아진다. 기준은 비슷하되, 방향이나 항목이 다르기 때문이다.

한 부부의 사례를 보자. 소금산 성향의 아내는 주방 싱크대 위생에 민감했다. 물때나 곰팡이가 잘 생기는 공간이라 작은 얼룩도 신경이 쓰였다. 아내는 남편이 얼룩을 일부러 무시한다고 생각했다. 하지만 알고 보니 남편은 시력이 좋지 않아 얼룩이 잘 보이지 않았던 것이었다. 이 작은 사실 하나가 감정의 오해를 불러왔고, 결국 서로를 이해하게 되는 계기가 되었다. 이후 아내는 조용히 얼룩을 닦으면서 더 이상 감정적으로 반응하지 않게 되었다. 이처럼 사소해 보이는 일상에도 오해가 숨어 있으며, 그것을 어떻게 해석하느냐에 따라 관계의 흐름은 달라질 수 있다.

갈등 해결의 첫걸음은 자신의 감정을 자각하는 것이다. 소금산 성향은 자주 화가 나면서도 그 감정을 인정하지 않으려는 경향이 있다. "나는 그냥 이야기한 거야", "화를 낸 게 아니라 조언한 거야"라고 말하지만, 그 말에는 이미 감정이 실려 있는 경우가 많다. 따라서 자신이 화가 났다는 사실을 인지하고, 한 박자 멈추는 연습이 필요하다.

또한 상대의 기준과 감정 표현 방식을 이해하려는 태도도 중요하다. 지적보다는 공감의 언어를, 통제보다는 인정의 표현을 사용할 때 관계는 회복되기 시작한다. 결국 갈등은 다름에서 비롯되지만, 그 다름을 어떻게 대하고 해석하느냐에 따라 관계의 온도는 완전히 달라질 수 있다.

친절도 지나치면 잔소리 ── ♦

소금산 성향은 건강에 대한 감수성이 높아, 먹는 것 하나도 대충 넘기지 않는다. 몸에 좋은 음식과 균형 잡힌 식습관을 중요하게 여기며, 자신과 가족의 건강을 세심하게 챙긴다. 반면 활화산 성향은 건강보다는 맛을 더 중요하게 생각한다. 건강에 해롭다는 말을 수차례 들었음에도 개의치 않고 자극적인 음식을 즐겨 먹으며, 막상 속이 불편해지면 그제야 아프다고 하소연한다.

소금산과 지중해 성향의 배우자는 그런 활화산 성향의 상대를 외면하지 못한다. 아플 때면 죽을 끓여주고, 약을 건네며 챙긴다. 문제는 그 다음이다. "그러게 내가 먹지 말랬잖아. 그렇게 먹으면 속 아프다고 했지." 걱정에서 시작된 말은 결국 잔소리로 들린다. 말투는 부드럽고 목소리도 낮지만, 그 안에는 자신의 말이 정답이라는 확신이 담겨 있다. 활화산 성향은 이 확신을 예민하게 감지한다. 겉으로는 배려처럼 들려도, 속으로는 계속되는 지적으로 받아들여진다.

이럴 땐 멈추는 것이 중요하다. 아프다는 말에 조용히 죽을 끓여주고, 약을 사다주는 것으로 충분하다. 말 없이 돌보는 침묵이 오히려 더 깊은 배려가 된다. 친절한 말이 항상 따뜻함으로 받아들여지는 것은 아니며, 반복될수록 피로감을 준다.

특히 오랜 시간 함께한 부부일수록, 잔소리는 심각한 문제로 다가온다. 아무리 부드럽고 따뜻한 말이라도, 같은 메시지가 반복되면 상대는 숨이 막힌다. 소금산과 지중해 성향은 배려심이 깊다. 그래서 뭔가를 해주지 않으면 마음이 불편해지고, 그로 인해 원치 않는 간섭과 지적이 반복되기도 한다. 결국 이 친절은 피로감으로 이어진다.

관계를 편안하게 만들기 위해서는, 멈추는 용기가 필요하다. 반복적인 지적을 줄이는 것만으로도 관계의 긴장을 완화할 수 있다. 이를 위해 부부 간 역할을 명확히 나누고, 각자의 기준을 인정하는 시스템을 구성하는 것도 도움이 된다.

결국 중요한 것은 상대를 바꾸려는 시도가 아니라, 스스로의 기준을 유연하게 조정하는 것이다. 사랑은 단지 감정의 문제가 아니라, 언어의 문제이기도 하다. 소금산이 표현하는 '배려'가 상대에게는 '간섭'이나 '잔소리'로 들릴 수 있음을 이해할 때, 침묵 또한 사랑의 한 방식이 될 수 있다.

감정을 설명하기보다는 터뜨리는 화산

감정의 충돌, 회피의 악순환 ──── ◆

활화산 성향은 감정을 억누르지 않는다. 논리적인 설명이나 신중한 판단보다 감정이 앞선다. 불편한 감정이 올라오는 즉시 말과 표정, 태도로 반응한다. 그 감정은 너무 빠르게 솟구쳐 상대가 대비할 틈조차 없다. 이와 달리 와이키키 성향은 부정적인 감정을 피하려 한다. 갈등 상황이 두렵고, 격해지는 분위기를 감당하기 어렵기 때문이다.

와이키키 성향은 감정이 격해지기 전에 자리를 피하거나, 농담처럼 상황을 넘긴다. 하지만 이 회피는 활화산에게 도망처럼 느껴진다. 활화산은 "왜 정면으로 이야기하지 않느냐"고 다그치고, 와이키키는 더욱 깊이 숨는다. 결국 대화는 되지 않고, 반복되는 이 악순환 속에서 서로 지쳐간다.

이 조합은 연애 단계에서부터 어려움을 겪는 경우가 많다. 활화산의 강한 감정 표현은 와이키키에게는 처음부터 감당하기 어려운 무게다. 감정 에너지 자체가 어긋나 있고, 리듬 또한 다르기 때문이다. 어떤 경우에는 연애 초반 혹은 결혼 전에 자연스럽게 거리를 두는 현상도 나타난다.

하지만 이 조합이 부부로 이어졌다면, 성향 차이를 모른 채 관계를 지속하는 것은 더 큰 갈등을 예고한다. 활화산은 계속해서 회피하는 배우자에게 분노하고, 와이키키는 끊임없이 지고 있다는 패배감을 느낀다. 감정이 폭발한 후 활화산은 종종 후회에 빠지지만, 그 감정이 어디서 비롯되었는지 스스로도 잘 모른다.

이 조합이 건강하게 관계를 이어가기 위해서는 서로의 성향을 이해하고, '마주 보는 연습'이 필요하다. 활화산은 감정을 드러내는 방식으로 소통하려 하고, 와이키키는 그 방식이 두려워 피한다. 서로가 피하지 않고 조심스럽게 응답할 때, 관계는 회복될 수 있다. 활화산은 상대의 회피가 무관심이나 무시가 아님을 이해하고, 와이키키는 회피가 관계를 더욱 어렵게 만든다는 점을 인식해야 한다.

결혼생활이란 같은 보폭으로 나란히 걷는 것이 아니라, 서로의 리듬을 인정하며 함께 나아가는 일이다. 각자의 리듬을 인정하면서 함께 가는 일이다. 심리적 거리가 멀어지면 마음의 움직임도 느껴지지 않는다. 감정의 온도가 서로 다른 두 사람이 건강한 관계를 유지하기 위해서는, 그 거리만큼 서로를 향해 한 걸음 더 다가서야 한다.

화내는 내가 싫어서 더 화나는 마음 ──── ◆

활화산 성향의 사람은 논리보다 감정이 먼저 움직인다. 상황을 분석하거나 생각을 정리하기도 전에 감정이 끓어오르고, 그것이 말과 행동으로 곧장 드러난다. 참거나 미루는 것이 어렵고, 감정을 표출해야만 비로소 마음이 안정된다. 이 특성은 일상에서 여러 갈등의 원인이 된다. 특히 활화산의 감정 표현은 종종 상대에게 공격적으로 비춰진다. "왜 그랬어?", "그게 말이 돼?" 같은 말이 감정적으로 튀어나오고, 상대는 이를 압박이나 위협으로 느낀다.

활화산은 사랑을 행동으로 실천하는 사람이다. 가족을 위해 돈을 벌고, 문제를 해결하며 책임을 다하는 것을 사랑의 표현이라고 믿는다. 이들은 '할 만큼 했다'는 확신이 있다. 하지만 감정 중심의 배우자에게는 이 방식이 잘 전달되지 않는다. "왜 사랑한다고 말해주지 않느냐"는 요구에 활화산은 억울함을 느낀다. "이렇게까지 했는데 왜 몰라주냐"는 감정이 쌓여간다.

가장 힘든 상대는 와이키키처럼 회피하는 사람이다. 감정을 드러내고 해결하고 싶은데, 상대가 도망가 버리면 분노가 격해진다. 활화산은 "왜 도망치느냐", "왜 감정을 피하느냐"고 다그치게 되고, 상대는 더 깊이 숨는다. 그 결과 감정을 해결하고 싶은 마음이 더 큰 감정의 폭풍을 부르는 아이러니가 생긴다.

활화산은 종종 감정의 원인을 외부에서 찾지만, 실제로는 자기 자신에 대한 실망이 분노로 바뀌는 경우가 많다. 무력감, 실패감, 통제되지 않는 상황에 대한 좌절이 화로 드러난다. "왜 이렇게밖에 못 살지?", "왜 나만 힘들지?"라는 질문이 반복되며, 그 감정은 결국 가장 가까운 사람에게 향한다.

문제는 이 감정을 설명하지 못하고, 터뜨리는 방식으로만 표현한다는 점이다. 활화산은 자신을 자책하는 마음을 화로 바꾸고, 그 감정을 말로 풀어내는 데 익숙하지 않다. 이 감정 구조를 인식하지 못하면, 갈등은 반복될 수밖에 없다.

활화산에게 필요한 것은 감정을 설명하는 능력이다. "화가 났다"가 아니라, "이런 일이 반복돼서 서운했다"는 식으로 풀어내는 언어가 필요하다. 감정을 표현하는 것이 아니라, 감정을 해석해 전달하는 능력이 관계를 바꾼다.

또한 상대의 회피가 무시나 태만이 아님을 이해하는 것도 중요하다. 회피는 두려움에서 비롯된다. 감정이 격해질까 봐 두려워 거리를 두는 것이다. 이 두려움을 이해하고 인정하는 태도는 활화산이 진짜 사랑을 표현할 수 있는 첫걸음이 될 수 있다.

가족 위해 최선을 다했는데, 감정까지 감당하라니 ──◆

활화산 성향은 감정이 곧 행동으로 연결되는 특징을 지닌다. 마음속에 올라온 감정은 논리적인 사고보다 먼저 반응하며, 머릿속에서 정리되기도 전에 말과 행동으로 분출된다. 감정을 참는 것은 오히려 더 큰 불편함을 만든다. 감정을 쏟아내야 비로소 안정을 되찾는다. 이러한 특성은 활화산을 일상적으로 빠르게 움직이게 만들지만, 동시에 갈등의 불씨가 되기도 한다.

여기에 사막 성향이 함께 있는 경우, 삶의 핵심은 '생존'과 '성과'에 있다. 일에서 성공하고 돈을 벌 때 감정적으로도 안정되고, 반대로 일이 풀리지 않으면 무기력과 우울감에 빠진다. 이 시기의 활화산은 자신의 모든 에너지를 문제 해결과 생계 유지에 집중한다. 그 결과 정서적 교류는 후순위로 밀려난다. 가족과의 대화도 줄고, 감정을 나누는 시간도 사라진다.

이러한 활화산의 사랑 방식은 감정 중심 성향, 특히 호수나 미로와 충돌하기 쉽다. 호수와 미로는 감정에서 사랑을 찾는다. 함께 있는 시간, 따뜻한 말 한마디, 애정이 담긴 눈빛 등 일상의 감정 교류를 통해 사랑을 느낀다. 반면, 활화산은 사랑을 책임과 실천으로 표현한다. 가족을 부양하고, 경제적 안정을 주는 것이 곧 사랑이다. 생활비와 생계를 책임지는 행위가 자신에게는 분명한 사랑의 증거다.

문제는 이 사랑의 언어가 상대에게 닿지 않는다는 데 있다. 감정 중심의 배우자 입장에서는, 말로 해주지 않는 사랑은 느껴지지 않는다. 그래서 "왜 사랑한다고 말해주지 않느냐", "함께 있는 시간이 너무 없다"는 요구가 반복된다. 이에 대해 활화산은 억울함을 느낀다. 자신은 모든 책임을 다했다고 생각하는데, 정작 그 헌신이 외면당하는 것 같기 때문이다.

이 억울함은 일상의 작은 순간에서도 반복된다. 예컨대, 활화산은 아침에 나가서 저녁에 다시 만날 예정이라면 굳이 연락할 필요를 느끼지 않는다. 하지만 호수나 미로 성향의 배우자는 그 사이 한두 번의 연락을 통해 사랑을 확인받고 싶어 한다. "왜 전화 안 해?"라는 물음에 활화산은 "봤잖아, 저녁에 또 볼 건데 왜?"라고 되묻는다. 서로 다른 사랑의 언어가, 오히려 거리감을 만든다.

또한, 활화산은 자신이 충분히 희생했고, 그에 대한 최소한의 자유가 보장되어야 한다고 느낀다. 술자리나 혼자만의 시간은 '자기만의 보상'이자 '삶의 활력'이다. 하지만 감정 중심 배우자에게 그 자유는 불안을 유발하는 요소가 된다. 특히 미로 성향은 과거의 기억을 오랫동안 간직한다. 과거 술자리에서의 갈등이 트라우마로 남아 있다면, 활화산이 술을 마시려는 그 순간조차 또 하나의 위기로 다가온다.

결국 갈등은 사랑의 방식 차이에서 비롯된다. 활화산은 '할 만큼 했다'는 마음으로 사랑을 건넸고, 감정 중심 배우자는 '아직 표현되지 않았다'는 이유로 사랑을 갈망한다. 활화산의 사랑이 상대에게 닿기 위해서는, 감정을 드러내는 방식만이 아니라 상대의 감정 언어를 이해하고 존중하는 태도가 필요하다.

사랑은 말이 아니라 행동이라는 활화산의 철학은 틀리지 않았다. 다만 그 사랑이 상대에게 보이지 않는다면, 그것은 전해지지 않은 감정일 뿐이다. 감정 중심 배우자의 언어로 사랑을 표현하려는 노력은, 활화산이 가진 진심을 더 명확히 전달하는 열쇠가 될 수 있다.

배우자의 사랑을 확인하는 게 중요한 호수

사랑이 느껴지지 않을 때, 깊어지는 우울감 ──── ♦

이 성향을 '호수'라 명명한 데에는 분명한 이유가 있다. 잔잔한 수면 위로 떠오른 해는 이 성향이 추구하는 정서적 본질을 상징한다. 여기서 해는 곧 '사랑'이다. 사랑은 늘 존재하지만, 호수 성향의 사람은 그것을 감정 상태나 환경에 따라 느끼기도 하고 의심하기도 한다. 마치 해가 사라진 것이 아니라 수풀에 가려 빛이 닿지 않을 뿐인데도 어두워졌다고 생각하는 것처럼, 사랑을 느끼지 못하는 순간, 사랑 자체가 없어진 것이라 오해한다.

호수 성향에게 사랑은 정서적 안정의 중심축이다. 그 존재를 실시간으로 체감하지 못하면 마음이 불안정해지고, 깊은 슬픔과 무기력이 밀려온다. 이러한 감정 기복은 결혼 이후에만 나타나는 것이 아니다. 결혼 전에도 특별한 이유 없이 우울하거나 무기력한 날이 잦았고, 정서적 침체가 반복되기도 했다.

이런 특성은 지중해 성향과 뚜렷한 대조를 이룬다. 지중해 성향의 사람은 특정 대상이 아닌 다양한 관계 속에서 사랑의 에너지를 충전할 수 있다. 배우자로부터 애정이 부족하더라도 친구나 사회적 관계를 통해 정서적 균형을 유지한다. 반면 호수는 사랑의 방향이 명확하다. 마음이 향한 특정 인물에게서 애정을 느끼지 못하면, 아무리 주변 관계가 좋아도 내면은 공허하다. 겉으로는 웃고 어울릴 수 있지만, 마음속 깊은 곳은 여전히 슬픔에 머문다.

호수 성향은 타인의 감정 변화에 민감하게 반응하기 때문에, 작은 무심함에도 감정이 크게 요동친다. 이럴 때 필요한 것은 외부로부터 더 많은 사랑을 받는 것이 아니라, 자기 내면에 안정적인 지지 기반을 마련하는 일이다. 호수 성향에게는 자기 자신을 소중히 여기는 태도가 반드시 필요하다. 자신을 먼저 돌보고 인정할 수 있어야, 외부의 사랑이 줄어들더라도 감정이 무너지지 않는다.

타인의 사랑만을 갈망하다 보면 삶의 기반은 점점 불안정해진다. 회복의 출발점은 결국 자기 자신을 향한 사랑에서 비롯된다. 그것이야말로 호수가 맑고 평온하게 유지될 수 있는 유일한 길이다. 해는 누군가 가져다주는 것이 아니라, 애초에 내 삶 속에 존재하는 것이다. 인생이라는 액자 속에 내가 해를 그려 넣듯, 그 해는 나 자신을 돌볼 때 비로소 따뜻한 빛을 발한다.

이러한 자기애와 자기 돌봄은 호수 성향뿐 아니라 모든 사람에게 필요한 회복의 에너지다. 관계의 갈등을 풀거나 감정 곡선을 안정시키기 위해서도, 사랑은 언제나 자기 자신에게서 시작되어야 한다. 결국 자기 자신을 돌보는 일은 회복의 핵심이다. 자신을 인정하고 믿어주며 토닥이는 행위는 결코 부차적인 일이 아니라 삶의 중심이다.

많은 사람들이 이를 과소평가하거나 이미 잘하고 있다고 생각하지만, 실제로는 자기 자신을 따뜻하게 대하지 못한 채 타인의 사랑에만 삶의 의미를 의존하는 경우가 많다. 외부의 인정이 줄어들거나 관계가 단절되었을 때 삶 전체가 흔들리는 이유도 이 때문이다. 그런 경험을 통해 자신 역시 언젠가 관계에 매달리며 자신을 잊었던 시기를 떠올리게 된다. 특히 호수 성향에게는 이 깨달음이 무엇보다 중요하다.

무뚝뚝한 배우자 곁에서 커지는 외로움 ──── ♦

호수 성향은 사랑을 느끼고 확인받아야 정서적으로 안정된다. 사랑은 존재 그 자체보다는, 어떻게 표현되고 전달되느냐에 따라 그 실체가 실감된다. '함께 있는 것'이나 '생활비를 주는 것'만으로는 사랑을 느끼지 못한다. 호수는 다정한 말, 따뜻한 시선, 작은 스킨십 같은 감정적 교류를 통해 사랑을 체감한다. 하지만 에베레스트 성향은 정반대의 방식을 취한다. 사랑을 굳이 말하지 않는다. 말보다는 행동으로 사랑을 표현한다고 여긴다. 여기서 오해가 시작된다.

에베레스트는 열심히 일해 가족을 부양하는 그 자체를 사랑의 증거로 여긴다. 말은 없지만, 가족을 위해 온종일 일하고 집으로 돌아왔다는 사실 하나로 충분하다고 느낀다. 하지만 호수는 그 침묵이 사랑의 부재처럼 느껴진다. 표현되지 않은 사랑은 곧 존재하지 않는 사랑처럼 다가오기 때문이다. 결혼 전에는 다정한 말과 표현이 많았던 상대가, 결혼 후에는 무뚝뚝한 사람으로 바뀌어버렸다고 느끼는 것도 이 때문이다. 호수는 말해주지 않으면 사랑을 확신할 수 없다.

사랑받고 싶은 강한 욕구는, 표현되지 않을 때 분노와 서운함으로 전환된다. 처음엔 "사랑한다고 말해줘"라고 조심스럽게 요청하지만, 시간이 지날수록 표현하지 않는 상대에게 실망하고, 반복된 요청이 자존심을 상하게 만든다. 결국 마음속에는 '구걸하는 듯한 이 감정'에 대한 분노가 쌓여간다. 표현되지 않은 사랑은 실망으로, 실망은 분노로, 분노는 격한 감정의 분출로 이어진다.

게다가 자녀가 태어나고 남편의 애정이 자녀에게, 특히 딸에게 집중될 경우 아내는 더 큰 소외감을 느낀다. 분명 자신의 딸이지만, 그 아이에게 쏟아지는 다정한 말과 애정이 자신에게는 오지 않는다고 느끼는 순간, 사랑받지 못한다는 감정은 더욱 커진다. 이러한 소외감은 겉으로 드러나지 않지만, 점점 내면을 지치게 만든다.

호수는 감정 신호에 예민하다. 말 한마디, 표정 하나에도 감정이 크게 흔들린다. 반면, 에베레스트는 타인의 감정 변화를 잘 인지하지 못한다. 중요하지 않다고 생각되는 말은 흘려듣고, 감정적인 반응을 과도하다고 여기는 경향이 있다. 이 정서 수용 방식의 차이는 오해를 더욱 깊게 만든다. 남편이 소파에 앉아 조용히 쉬고 싶은 그 순간, 아내는 그 모습에서 거절당한 감정을 느끼게 되는 것이다. 남편은 단지 하루를 정리하는 중일 뿐인데, 아내는 사랑받지 못하고 있다고 느낀다.

이런 상황이 반복되면, 부부는 점점 대화가 줄고 오해는 쌓인다. 남편은 아내의 잔소리가 부담스럽고, 아내는 점점 남편에게 말을 걸지 않게 된다. 남편은 딸에게 애정을 쏟고, 아내는 더욱 외로워진다. 갈등은 커지고, 관계는 점점 멀어진다. 결국, 부부는 서로 다른 언어를 사용하는 사람처럼 느껴지게 된다.

이때 중요한 것은, 호수 성향이 자신의 감정적 욕구를 인정하는 일이다. 자신이 얼마나 사랑받고 싶어 하는지를 자각하고, 그 욕구가 충족되지 않을 때 어떤 감정이 밀려오는지를 인식해야 한다. 동시에, 에베레스트 성향의 사랑 방식에 대한 이해도 필요하다. 말은 적지만 책임을 다하고, 표현은 서툴지만 애정을 행동으로 전하는 방식임을 받아들이면 갈등은 한결 줄어든다. 남편 역시 퇴근 후 아내에게 백허그를 해주거나, 짧게라도 다정한 말을 건네는 실천이 필요하다. 이처럼 사소하지만 진심이 담긴 실천들이 관계 회복의 밑거름이 된다. 사랑은 결국, 느껴져야 비로소 전달되는 것이다. 아무리 진심이어도 상대가 체감하지 못하면 그 의미는 퇴색된다.

에베레스트에게는 약간의 쉼이 필요하다. 호수에게는 따뜻한 토닥임이 필요하다. 서로가 서로에게 조금씩 다가갈 수 있어야만 관계는 회복될 수 있다. 호수와 에베레스트의 조합은 상담 현장에서 자주 마주하는 현실적인 갈등 구조다. 하지만 이 구조를 이해하고, 각자의 사랑 언어를 배우려는 노력이 있다면, 관계는 충분히 변화할 수 있다. 사랑받고 싶은 욕구는 부끄러운 것이 아니다. 그 욕구를 알고, 서로가 조금 더 다정해지려 노력하는 것. 그것이 부부 관계의 회복을 위한 첫걸음이다.

말보다 느낌에 가까운 호수의 언어 ──♦

호수 성향은 감정의 흐름을 무엇보다 중요하게 여긴다. 사랑은 '함께 있고 싶다'는 마음에서 시작되고, 그 감정이 자연스럽게 말과 행동으로 이어진다. "집에 언제 와?"라는 질문 역시 단순한 정보 확인이 아니라, '너와 함께 있고 싶다'는 사랑의 표현이다. 반면 사고 중심의 미로 성향은 "몇 시에 와?", "오늘 몇 시 퇴근해?"처럼 정확한 시간 정보를 묻는다. 이는 감정보다는 실용적 필요에서 비롯된 질문이다. 사랑의 방식이 전혀 다른 것이다.

호수 성향은 사랑이 깊어질수록 "나 예뻐?"처럼 애정 확인을 요구하는 말도 자연스럽게 나온다. 반대로 관계가 멀어지면, "나 사랑해?"라는 말조차 쉽게 꺼낼 수 없을 만큼 감정이 움츠러든다.

호수의 사랑의 언어는 말보다 느낌에 가깝다. 감정이 먼저 움직이고, 그 감정은 말 이전의 신호로 전달된다. 예컨대, 남편이 퇴근해 집에 들어오는 순간, 호수형 아내의 시선은 자연스럽게 남편을 향한다. 겉으로는 모른 척하지만, 속으로는 이미 신호를 보낸다. '왜 나를 안 보지?' 하는 마음이다. 그때 남편이 "아이고, 잘 있었어?" 하고 인사를 건넨다면, 그 한마디는 '당신을 보고 있어요'라는 감정의 확인이 된다. 하지만 아무 말 없이 지나친다면, 호수는 상처받는다. 말로 표현되지 않지만, 표정이 어두워지고 분위기는 무거워진다.

호수는 말 대신 끊임없이 느낌을 보낸다. '지금 당신을 생각하고 있어요', '나에게 관심을 주세요'라는 감정의 흐름을 말없이 전달한다. 하지만 그 신호를 상대가 읽지 못하면, 사랑은 전달되지 않는다. 장형 성향은 눈치를 채지만 반응은 다르다. "왜 그래?", "또 뭐야?" 같은 거친 반응으로 오히려 호수의 감정을 덮어버린다. 호수는 '내가 신호를 보냈잖아' 하고 생각하지만, 결국 그 마음은 전달되지 않는다.

호수끼리의 관계는 어떨까. 예민한 감정을 나눌 수 있지만, 때론 엇갈리기도 한다. 사막형은 눈치는 있지만 감정 해석에 서툴다. 아내가 무엇을 원하는지 몰라 "뭐 필요해?"라고 묻지만, 그 질문마저 호수에게는 상처가 된다. '내가 뭘 원하는지 알아야지'라는 기대가 있기 때문이다. 기대는 크고 표현은 미묘한 이 관계에서는 상처가 쉽게 쌓인다.

지중해는 따뜻하고 사람을 좋아하는 성향이다. 그러나 호수 성향과 함께할 때, 그 따뜻함이 오히려 갈등의 씨앗이 되기도 한다. 지중해는 '내가 좋으면 너도 좋을 것'이라는 기준으로 행동하는 경향이 있어, 상대의 감정을 세심하게 살피지 못할 수 있다.

활화산과 호수의 조합은 또 다른 갈등을 낳는다. 활화산은 책임을 다하고 생활비를 제공하는 것이 사랑이라 여긴다. 그러나 호수는 정서적 연결을 원한다. '같이 있고 싶어', '내 마음을 알아줘' 같은 감정을 중요하게 생각한다. 한 사람은 '충분히 사랑했는데 왜 몰라줘?'라고 느끼고, 다른 한 사람은 '왜 자주 표현을 안해 줘?'라며 서운해한다.

사막과 활화산 성향은 경제적 안정이 곧 감정적 안정이라 믿는다. 일이 잘 풀릴 때는 기분이 좋지만, 어려울 때는 감정 교류가 단절된다. 그런 이들과 함께 살아가는 호수는 감정적 공허를 느끼게 된다. 하루에 한두 번의 연락, '밥 먹었어?'라는 짧은 말이 호수에게는 사랑의 증거가 되지만, 사막과 활화산은 그 필요성을 느끼지 못한다.

사랑은 서로 다른 언어를 지닌 이들 사이에서 종종 오해와 갈등을 일으킨다. 특히 감정에 민감한 호수 성향은 상대의 무심함을 사랑의 부재로 받아들이기 쉽다. 그러나 이러한 갈등은 사랑의 유무가 아니라, 표현 방식의 차이에서 비롯되는 경우가 많다. 서로의 성향을 이해하고 조금씩 다가가는 노력이 관계 회복의 열쇠가 된다.

호수 성향은 안정적이고 지속적인 사랑을 원하며, 그 사랑은 관심과 배려, 따뜻한 연결감에서 비롯된다. 이 감정이 충분히 채워질 때, 호수는 비로소 맑고 평온해진다. 서로 다른 사랑의 언어를 이해하고 익혀가는 노력은, 부부가 감정을 주고받고 친밀감을 쌓는 데 핵심적인 역할을 한다.

집안에서도 효율을 추구하는 사막

성실한 남편과 서운한 아내 ──◆

사막 성향을 지닌 사람들은 책임감과 효율을 중시하며, 감정보다는 실질적인 행동으로 관계를 유지하려는 경향이 있다. 이들은 가족을 위해 묵묵히 일하고, 생계를 책임지는 것만으로 충분히 사랑을 표현했다고 믿는다. 그런 의미에서 사막 남편은 자신이 '성실하게 돈을 벌어오는 사람'이라는 사실 하나로, 좋은 남편이라고 자부한다.

하지만 이러한 성향은 감정의 교류를 중시하는 호수 아내에게는 정서적인 공백으로 다가온다. 호수는 사랑받고 있다는 느낌을 통해 살아갈 에너지를 얻는 사람이다. '사랑해'라는 말, 따뜻한 눈빛, 하루를 묻는 질문처럼 사소해 보이는 표현들이 그들에게는 삶의 연료와 같다. 반면, 사막은 그런 표현을 생략하고 절제하는 것을 미덕으로 여긴다. 그 결과, 두 사람은 같은 공간에서 전혀 다른 언어로 살아가게 된다.

사막 남편은 일을 마치고 집에 돌아오면, '이제는 쉴 시간'이라는 인식을 갖는다. 자신이 오늘도 열심히 일해 가족을 부양했다는 사실에 뿌듯함을 느끼며, 그 이상의 요구가 없어야 한다고 생각한다. 실제로 그는 육아와 집안일도 돕고 있다고 생각한다. '도와준다'는 표현이 여전히 주를 이루지만, 그의 입장에서는 충분히 배려하고 있다고 느낀다. 하지만 이 '도와주는' 태도는 호수 아내에게는 공감과 참여의 부재로 비춰진다. 함께 가정을 꾸린다는 인식보다, 역할 분담이라는 느낌을 더 강하게 받기 때문이다.

갈등은 일상의 작은 지점에서 증폭된다. 예를 들어, 베란다 문을 조금 열어둔 상황에서 사막 남편은 아무런 맥락 없이 그 문을 닫는다. 호수 아내는 그 문이 왜 열려 있었는지를 고려하지 않은 채 문을 닫은 남편에게 실망한다. 그녀는 빨래를 널어두고, 약간이라도 바람이 통하도록 일부러 문을 조금 열어두었던 상황이었다. 그런데 남편은 단순히 '날씨가 추운데 왜 열려 있지?'라고 생각하며 맥락 없이 문을 닫아버린 것이다. 이에 호수 아내는 자신의 의도를 헤아리지 못한 남편의 태도에 서운함을 느끼고, 남편은 사소한 일로 분노를 표출하는 아내의 모습을 납득하지 못한다. 결국 서로의 언어와 사고방식이 다름에도 불구하고, 그것을 다르다고 인정하지 못한 채 '왜 그렇게밖에 못하냐'는 원망으로 이어진다.

문제는 육아와 집안일에 대한 인식에서도 반복된다. 맞벌이 부부임에도 불구하고 아내의 회식은 '아이를 누가 볼 것인가'에 대한 남편의 허락을 필요로 한다. 반면, 남편은 단지 "오늘 늦어"라는 말 한마디면 충분하다. 이 차이는 '가사노동은 여자의 몫'이라는 오래된 인식이 여전히 작동하고 있음을 보여준다. 게다가 시어머니조차도 아들에게 "몸에 좋은 것 좀 해 먹여라"는 당부를 남기며, 아내에게 돌봄의 책임을 전가한다.

이런 불균형은 결국 정서적 단절로 이어진다. 호수 아내는 감정적

지지를 원하지만, 사막 남편은 그것을 요구라고 받아들이고 방어적으로 반응한다. 자신이 밖에서 성실히 일한 사실이 부정당하는 느낌을 받는 것이다.

그렇다면 이 조합은 지속 불가능한 것일까? 꼭 그렇지만은 않다. 해결의 핵심은 서로의 언어를 배워가는 데 있다. 사막 성향의 남편이 감정적 표현에 서툴다는 것을 호수 아내가 이해하고, 그의 사랑 표현 방식이 '성실한 노동'이라는 사실을 인정할 필요가 있다. 동시에, 사막 남편도 아내가 필요로 하는 감정적 연결이 단지 사치가 아니라, 삶을 지속하는 데 필요한 에너지라는 점을 인식해야 한다. 사랑을 표현하는 방식은 달라도, 그 근원은 같다는 사실을 깨달아야 관계는 유지된다.

부부는 서로의 리듬을 억지로 맞추기보다는, 다른 걸음을 이해하고 인정하는 훈련이 필요하다. 말로 하지 않아도 눈빛으로, 작은 제스처로 마음을 표현할 수 있다. 사막의 침묵과 호수의 감정이 만나 충돌하는 그 순간, 서로의 언어를 배워가려는 작은 노력이 있다면, 그곳이 바로 사랑이 머무는 자리일 것이다.

필요한 말만 하는 게 문제인가요? ──── ◆

사막 성향의 사람들은 대화에서도 감정보다는 간결함과 실용성을 중시한다. 짧고 단정적인 언어를 선호하고, '티키타카'하며 감정을 주고받기보다는 결론 중심의 소통을 선호한다. 예를 들어, 사막 성향의 남편은 "좋아", "싫어", "맛있어" 정도의 표현으로 대화를 끝내곤 한다.

하지만 이런 표현 방식은 상대방에게는 무심하거나 대화를 꺼리는 신호로 비칠 수 있다. 대화를 조금만 확장해 "여기다 뭘 넣은 거야? 정말 맛있다"라고 말하면, 상대는 "오늘 애호박을 넣어봤어. 괜찮지?"라고 자연스럽게 응답하게 된다. 감정의 흐름이 생기고, 관계는 연결된다. 그러나 대화를 짧게 끝내버리면, 감정의 흐름도 끊긴다. 아내는 속상해지고, 남편은 "내가 맛있다 했잖아"라며 항변하게 된다. 이렇게 되면 대화는 감정의 연결이 아니라 단절의 도구가 되고 만다.

서로의 대화 습관을 이해하는 것이 중요하다. 직선적인 언어를 사용하는 사람이라면, 표현을 조금 더 확장하는 연습이 필요하다. 단순한 감탄사 하나에도 맥락을 더하는 방식으로 말이다.

사막 활화산 성향의 사람은 특히 '책임'이라는 형태로 사랑을 표현한다. 가족을 부양하고 생계를 책임지는 것이 곧 사랑의 실천이다. 반면, 호수 미로 성향은 감정적 교류와 정서적 연결을 통해 사랑을 느낀다. 이러한 차이는 관계에서 반복적인 갈등을 불러온다. 사막 활화산은 경제적 안정이 곧 정서적 안정이며, 일이 잘 풀릴 때는 기분도 좋고 관계도 순조롭다. 하지만 일이 어려워지면 감정적 교류는커녕, 대화조차 단절되는 경우도 생긴다. 이들은 생존의 문제에 에너지를 집중하기 때문이다.

결국, 사막 성향은 사랑을 책임과 의무로 표현하고, 호수 성향은 감정과 배려로 느끼며 사랑을 체감한다. 이 간극을 메우는 열쇠는 서로의 사랑 언어를 배우고, 조금씩 타인의 감정 구조에 다가가는 데 있다.

사막이 가끔이라도 따뜻한 눈빛과 한마디 인사를 건넨다면, 호수는 그것이 사랑의 징표임을 알 수 있다. 반대로 호수도 사막의 무뚝뚝함 속에 담긴 책임감과 성실함을 읽어낼 수 있다면, 관계는 보다 평온하고 단단해질 수 있다.

감정보다 결과로 말하는 사람들 ──── ♦

사막 성향을 지닌 사람들은 기본적으로 '성공'을 중시하는 사고방식을 갖고 있다. 이들에게 삶은 목표를 향해 끊임없이 나아가는 과정이며, 안정적인 직업이나 반복적인 일상보다는 성과 중심의 방식이 더 매력적으로 느껴진다. 단순히 정해진 월급을 받는 삶보다는, 자신의 역량을 통해 더 많은 수익을 창출하고 성장하는 데 의미를 둔다. 그래서 이들은 종종 직장만으로는 성공하기 어렵다고 판단하고, 사업 등 보다 능동적인 방법을 통해 인생을 바꾸려는 시도를 하게 된다.

결혼이라는 선택도 이들에게는 인생 전략의 일부가 된다. 함께 성장할 수 있는 파트너를 만났다는 믿음 아래, 두 사람은 빠르게 목표를 설정하고 그에 맞춰 삶의 방향을 설정한다. 사막 성향의 사람은 사랑이라는 감정도 중요하지만, 결혼 이후에는 책임감이 훨씬 더 큰 비중을 차지하게 된다. 특히 배우자가 자신과 같은 방향으로 함께 달려줄 수 있는 사람이라면, 그 관계에 대한 만족도와 충성도는 더욱 높아진다.

하지만 이런 성향은 종종 갈등의 원인이 되기도 한다. 예를 들어, 상대가 정적인 삶을 선호하거나, 하루하루를 소소하게 즐기는 성향이라면 사막 성향은 답답함을 느낄 수밖에 없다. '왜 더 열심히 하지 않지?', '왜 현재에 안주하지?'라는 생각이 끊임없이 떠오른다. 사막의 눈에는 주변 사람들이 그저 시간을 흘려보내며 놀고 있는 듯 보이기도 한다. 열정적으로 일하고 성과를 내는 자신에 비해, 타인의 일상이 너무 느리거나 무기력하게 느껴지는 것이다.

사막은 또 '일머리'가 빠르다. 일을 어떻게 하면 더 효율적으로 처리할 수 있을지에 대한 감각이 뛰어나며, 늘 개선과 혁신을 고민한다. 이들은 하루에도 수십 가지 아이디어를 떠올리고, 그 아이디어를 실현하기 위한 구체적인 실행 계획까지 함께 상상하는 경우가 많다. 그래서 파트너에게 "이렇게 하면 좋지 않을까?"라고 자주 제안하며, 그것이 사랑의 표현이자 함께 성장하려는 의지로 연결되기를 바란다.

그러나 그 열정은 때로는 상대에게 부담이 되기도 한다. 사막은 상대가 자신의 속도에 맞춰주기를 기대하지만, 모든 사람이 그 속도를 따라갈 수 있는 것은 아니다. 파트너가 자신의 제안에 무덤덤하거나, 즉각적인 반응을 보이지 않으면 실망하거나 답답함을 느낀다. 그럴수록 사막은 더 강하게 이끌려고 하며, 때때로 그것이 통제처럼 비춰질 수도 있다.

결국, 사막 성향은 '성공'과 '책임'을 통해 사랑을 표현하려는 사람이다. 이들에게 사랑은 감정의 교류보다는 함께 목표를 향해 달리는 과정 속에서 자라난다. 그리고 그 여정이 순탄할수록, 사막은 자신이 '좋은 배우자'라는 자부심을 느끼게 된다. 이러한 성향을 이해한다면, 사막과 함께 살아가는 사람은 그들의 과도한 추진력 뒤에 숨어 있는 불안과 책임감을 조금 더 따뜻하게 바라볼 수 있을 것이다.

갈등을 피하는 지중해의 그림자

양쪽 모두의 편을 들다 되레 화만 키우는 남편 ──── ♦

지중해 성향을 가진 사람은 관계를 소중히 여기고, 사람과의 연결에서 삶의 의미를 찾는다. 이들은 따뜻하고 섬세한 감정으로 주변을 살피며, 배려와 정성으로 관계를 이어간다. 하지만 그 따뜻함이 항상 긍정적인 결과만을 낳는 것은 아니다. 주는 사랑에는 익숙하지만 받는 사랑에는 서툰 이들은 기대와 현실 사이의 간극에서 상처받고 흔들리기 쉽다. 감정을 부드럽게 표현하지만 간접적인 방식은 오해를 불러오기 쉽고, 상대의 반응이 기대에 못 미치면 서운함이 깊어진다.

여기, 지중해와 사막 성향을 함께 지닌 남편과 에베레스트와 활화산 성향의 아내가 있다. 겉으로 보기엔 이상적인 조합이다. 남편은 따뜻하고 배려 깊으며, 책임감 있게 살아간다. 아내는 명확하고 결단력 있으며, 가정의 중심을 똑 부러지게 잡는 사람이다. 그러나 이들 부부에게는 반복적으로 되풀이되는 갈등이 있었다.

남편은 평화를 중시하고 갈등을 피하려는 성향이 강했다. 갈등이 생기면 자신의 감정이나 입장을 드러내기보다는 "내가 미안해"라는 말로 상황을 무마하려 했다. 이는 겉으로 보기엔 원만해 보이지만, 실상은 문제를 덮는 데 그쳤다. 에베레스트와 활화산 성향의 아내는 직설적이고 명확한 표현을 중시하는 사람이었다. 남편의 반복되는 사과는 진심 없는 형식으로 느껴졌고, 그 안에 어떤 행동 변화도 따르지 않자 답답함과 분노가 쌓여갔다.

문제는 남편이 직장과 시댁 모두에서 부탁을 거절하지 못한다는 데 있었다. 그는 자신의 한계를 넘어서는 부탁도 마다하지 않았고, 특히 시어머니의 요구에 대해서는 단호하게 거절하지 못하고 순응하는 모습을 보였다. 시어머니는 여전히 아들을 어린아이처럼 돌보려 했고, 남편은 그 돌봄을 당연한 듯 받아들였다. 이는 자녀가 부모로부터 정서적으로 독립하지 못한 전형적인 모습이다.

아내는 시댁과의 관계에서 점점 더 큰 부담을 느꼈다. 남편이 시댁과 적절한 거리를 두지 못하고, 모든 요구에 응하다 보니 아내 역시 원하지 않는 관계에 지속적으로 끌려들게 되었다. 갈등이 반복될수록 남편은 두 집단 사이에서 균형을 맞추려 했지만, 결국 양쪽 모두로부터 불만을 듣는 상황에 처했다. 남편은 자신이 양쪽을 위해 애쓰고 있는데 왜 자신이 비난을 받아야 하는지 억울해했다.

하지만 아내가 원한 것은 단순한 사과가 아니라, 행동 변화였다. 남편이 진심으로 아내를 위하고 있다고 말하면서도 시댁에선 여전히 거절하지 못하고, 아내의 입장을 대변하지 않는 태도는 '말뿐인 사랑'처럼 보였다. 이처럼 부부 간에 평행선을 그리는 이유는 정서적 독립의 부재와 인식의 차이에서 비롯된 것이다.

이 상황을 해결하기 위한 첫걸음은 '독립'이라는 개념을 명확히 인식하는 것이다. 결혼한 부부는 하나의 독립된 단위로서, 경제적 자립은 물론 정서적·심리적 독립까지 확보되어야 한다. 부모는 자녀를 하나의 온전한 성인으로 존중해야 하며, 자녀 역시 부모와 건강한 거리를 유지하는 태도가 필요하다.

남편은 어린 시절부터 부모의 기대에 맞춰 살아왔고, 자신의 감정을 드러내거나 갈등을 해결하는 방식을 충분히 배우지 못했다. 결혼 이후에도 부모와의 관계는 그대로 유지되었고, 그 무게는 고스란히 아내에게 전가되었다. 아내는 남편이 '착한 사람'이라는 점은 인정했지만, 함께 살아가기에는 '불편한 사람'이라고 느끼기 시작했다.

부부가 건강한 관계로 나아가기 위해서는 남편이 먼저 자신의 감정을 자각하고, 표현하는 방법을 익히는 것이 필요하다. 또한 아내는 남편의 따뜻함과 배려심을 지지하면서, 그 에너지가 시댁이 아닌 가정을 향하도록 유도할 수 있어야 한다. 예를 들어, 아내가 남편에게 "당신이 필요해요", "당신은 나에게 소중한 존재예요"라고 표현해주는 것은 지중해 성향의 남편에게 정서적 중심을 '부모'가 아닌 '배우자와 가정'으로 옮겨가는 데 중요한 역할을 한다.

진정한 효도는 부모의 요구에 끌려다니는 것이 아니라, 자신의 삶을 건강하고 주체적으로 꾸려나가는 모습을 보여주는 것이다. 부부가 먼저 단단하고 건강한 관계를 형성하는 것이, 시댁이나 처가를 포함한 모든 가족 관계의 출발점임을 잊지 말아야 한다.

다정함도 지나치면 피곤하다 ──◆

지중해 성향의 사람은 관계를 소중히 여기며, 따뜻한 마음으로 주변을 살핀다. 섬세하고 배려심 깊은 이들은 늘 상대방의 필요를 고민하고, 그에 맞춰 행동하려 한다. '내가 좋아하는 걸 너도 좋아할 거야'라는 마음에서 출발하는 그들의 사랑은 다정하고 따뜻하지만, 때로는 그 온기가 오해와 부담으로 이어지기도 한다.

지중해 성향의 여성이 에베레스트 성향의 남성과 결혼했다. 그녀는 사람을 좋아하고 모임을 즐기며, 남편이 외롭지 않게 하려는 마음으로 친구들을 소개하고 여러 자리에 함께하기를 권했다. 그러나 남편은 혼자 있는 시간을 중요하게 여기고, 반복되는 모임 참여에 피로감을 느꼈다. 어느 날, 남편이 유일한 친구를 만나려 하자 아내는 "나도 같이 갈까?"라고 물었고, 남편은 '왜?'라는 반응을 보인다. 지중해 성향의 아내는 '내 친구 모임엔 항상 데려갔는데, 왜 자기 친구 모임엔 나를 안 데려가?'라는 마음에 서운하다. 그렇게 서로 다른 기대와 반응이 쌓이며, 오해가 깊어진다.

지중해 성향이 표현하는 사랑의 언어는 단순하지 않다. 굉장히 다양하고 섬세하다. 이들은 마음을 주는 방식으로도, 행동으로도 사랑을 표현한다. 공통적으로는 '내가 널 위해 하고 있어'라는 태도가 중심에 있다. 예를 들어 "이거 몸에 좋아. 꼭 먹어봐"라며 각종 건강식품을 사오고, 추천한다. 상대가 원하든 원하지 않든, '너에게 도움이 되니까'라는 이유로 정성을 쏟는다.

한 사례가 떠오른다. 섬에서 교대근무를 하는 지중해 성향의 남성이 있었다. 섬이라는 제한된 환경 속에서 쉬는 날은 유독 한가로웠다. 그러다 자연스럽게 낚시에 흥미를 가지게 되었고, 청정한 해역이라서 고기가 잘 잡혔다. 그는 잡은 생선을 손질해 냉동 보관한 뒤, 정성스럽게 포장해 지인들에게 택배로 보내기 시작했다. 예기치 못한 부담은 이렇게 생긴다. 처음엔 받는 이도 감사한 마음으로 인사를 전한다. 하지만 문제는 그다음부터다. "정말 잘 먹었어요"라는 인사를 들은 지중해 성향의 그 남성은 상대가 좋아하는 줄 알고 계속해서 생선을 보낸다. 그러나 사실 그 집은 생선을 별로 즐기지 않았고, 생선 굽는 냄새가 싫어 주방 창문을 며칠씩 열어둬야 했다. 시간이 지날수록 냉동실에는 손도 대지 않은 생선이 가득 쌓여 갔다. 아이들도 생선보다 고기를 좋아했고, 자연스레 생선은 꺼내 먹지 않게 되었다. 순수한 감사의 표현이 뜻하지 않게 부담스러운 선의를 유도하는 계기가 되어버렸다.

지중해 성향의 사람들은 종종 상대의 뉘앙스를 읽기보다는, 말 그대로 받아들이는 경향이 있다. '괜찮아요', '감사해요'라는 말은 그저 예의일 수 있음에도, 지중해형은 이를 허락이나 긍정으로 오해하고 행동을 반복한다. 그 결과, 애정이 오히려 피로감으로 변질될 수 있다.

이처럼 지중해 성향은 따뜻한 마음을 품고 있지만, 그 다정함이 항상 상대에게 편안함으로 전달되는 것은 아니다. 진심이더라도 감정의 결을 놓치면, 그 애정은 부담이 되기도 한다. 결국 중요한 것은 마음의 방향성뿐 아니라, 그 마음이 닿는 방식이다. 진심이 피로로 변하지 않기 위해서는, 다정함에도 섬세함이 필요하다.

함께 있고 싶은 아내, 혼자 있고 싶은 남편 ── ♦

지중해 성향의 사람은 혼자 있는 시간을 불편하게 느낀다. 정적과 고요함은 불안을 유발하고, 시간이 길어질수록 소외되거나 버려졌다는 감정으로 이어진다. 이들에게 사람과의 연결은 정서적 안정의 핵심이며, 타인과의 교류 속에서 비로소 마음이 편안해진다.

결혼 전에는 친구들과 어울리며 하루를 마무리하고, 대화와 웃음을 통해 감정을 순환시킨다. 이 과정에서 발생하는 지출 역시 단순한 소비가 아니라 감정 유지를 위한 필수 지출로 인식한다. 이 때문에 경제적으로는 빠듯해지곤 한다.

지중해형은 외부 활동 후에도 쉽게 고요함에 머물지 못한다. 방금 만났던 사람에게 다시 전화를 걸어 못다 한 이야기를 나누고, 집 안을 돌아다니며 스피커폰으로 통화하거나 TV를 틀어 놓는다. 배경처럼 흐르는 말소리에서조차 안정감을 느끼는 이들은, 조용한 집을 오히려 불편하게 받아들인다.

결혼 후에는 '이제는 늘 함께할 수 있다'는 기대가 생긴다. 그러나 배우자가 에베레스트 성향이라면, 그 기대는 곧 실망으로 바뀐다. 에베레스트형은 혼자 있는 시간을 통해 내면의 에너지를 충전하는 사람이다. 집에 들어와 곧장 방으로 들어가 조용히 쉬려는 그의 모습은, 지중해형에게는 거리감으로 느껴진다. '함께 있으려고 결혼했는데 왜 혼자 있으려 하지?'라는 의문은 곧 서운함으로 바뀐다.

이 두 성향은 일상의 리듬부터 다르다. 지중해형은 배경 소음과 정서적 교류 속에서 에너지를 얻고, 에베레스트형은 조용한 환경에서 스스로를 회복한다. "나 좀 쉴게"라는 말조차 지중해형에게는 사랑을 거절당한 듯한 충격이 될 수 있다. 그러나 이 상황에서 "잠시 쉬었다가 나올게. 이따 영화 한 편 같이 볼까?"라는 식의 설명과 연결 제안이 있다면, 지중해형도 충분히 이해할 수 있다. 문제는 아무 말 없이 방에 들어가버리는 태도다. 이럴 경우 지중해형은 외면당했다고 느낀다.

이들의 차이는 대화 방식에서도 드러난다. 지중해형은 자신의 욕구를 간접적으로 표현한다. '삼겹살이 먹고 싶다'는 말을 '자기는 배 안 고파?'나 '오늘 뭐 먹을까?'처럼 돌려서 표현한다. 자신의 감정과 상대의 의중이 자연스럽게 만나는 상황을 기대하는 것이다. 반면 에베레스트형은 명확한 표현을 선호하며, 간접적인 언어를 잘 읽지 못할 수도 있다.

이처럼 서로의 말투와 표현 방식이 다르다는 점을 인식하지 못하면, 소통은 쉽게 어긋난다. 또한 우리는 종종 자신의 감정을 전달한다고 생각하지만, 실제로는 상대의 의견을 반박하고 있는 경우가 많다. 예를 들어, 남편이 "술 좀 마시고 올게"라고 했을 때 "술 마시지 마"라고 반응하면 대화는 곧장 단절된다. 그러나 "당신이 술을 안 좋아하는 거 알아서 며칠 동안은 안 마셨어. 오늘은 오랜만에 친구를 만나서, 조금만 마시고 들어올게. 괜찮을까?"라고 말한다면, 갈등 없이 의견을 나눌 수 있다.

대화의 핵심은 감정을 전달하는 데 있다. "왜 그렇게 생각했어?"라는 말도 상대에게는 의견을 부정당한 듯한 인상을 줄 수 있다. 반면 "그럴 수도 있겠네. 나는 이렇게 느꼈어"라고 말하면 훨씬 부드럽고 효과적으로 의사를 전할 수 있다.

결혼 후에는 부부 간의 대화 빈도가 줄어들기 쉽다. 육아 시기에는 아이에 관한 이야기가 대화의 중심이 되지만, 아이가 자라면 자연스레 말수가 줄어들게 된다. 이때 중요한 것은, 짧고 사소한 말들로도 감정의 흐름을 유지하는 것이다.

지중해형의 사랑은 정서적 교감, 말소리, 사람과의 연결 속에 존재한다. 그 마음은 섬세하고 따뜻하지만, 동시에 상처받기 쉽다. 따라서 더 많은 설명과 이해, 그리고 표현의 차이에 대한 인식이 필요하다.

지중해 성향이 놓치기 쉬운 감정의 균형 ────◆

지중해 성향의 사람은 겉보기엔 부드럽고 온화하다. 친절하고 배려심 깊으며, 갈등을 피하려는 태도 덕분에 주변 분위기를 부드럽게 만드는 데 익숙하다. 낯선 자리나 어색한 분위기 속에서도 먼저 말을 걸고 다가서며, 모두가 편해지길 바란다. 이처럼 타인을 위한 섬세한 배려는 지중해형이 가진 강점이다.

하지만 이 온화함의 이면에는 예상치 못한 이중성이 존재한다. 가까운 관계, 특히 가족 사이에서는 활화산처럼 격한 감정이 드러나기도 한다. 외부에는 친절하고 둥근 사람이, 집 안에서는 날카로운 말과 감정으로 부딪히는 경우가 적지 않다. 이는 지중해형과 화산 성향이 동시에 높은 사람에게 자주 나타나는 특징이다.

두 성향은 모두 공감 능력이 뛰어나고 타인을 돕고자 하는 에너지를 가지고 있다. 하지만 그 에너지가 향하는 방향은 다르다. 지중해형은 '도움이 필요한 사람'이라면 누구에게든 손을 내민다. 상황과 맥락에 상관없이 타인의 감정을 감지하고, 먼저 반응하며 정서를 나눈다. 반면 화산형은 '내가 선택한 사람', '내 기준을 수용하는 사람'에게만 감정을 쓰려 한다. 이 미묘하지만 결정적인 차이가, 가까운 관계에서 갈등의 불씨가 되곤 한다.

지중해형은 외부 교류를 통해 감정을 순환시키며 정서적 안정을 얻는다. 사람들과의 대화와 교감은 단순한 소통을 넘어 감정의 에너지다. 그래서 이들은 소비 또한 감성적이다. 좋은 분위기에서 누군가와 시간을 보내기 위해 기꺼이 돈을 쓰며, 그 시간을 통해 충전된다. 하지만 함께 사는 이가 에베레스트형처럼 기능적 소비를 중시하는 사람이라면, 이 방식은 불필요하거나 비효율적인 것으로 보이기 쉽다. 이 차이는 단순한 취향의 문제가 아니라, 즐거움을 우선하는 삶과 생존을 우선하는 삶의 방식 자체의 차이다.

문제는 이처럼 외부로 향한 감정과 에너지가, 가족에게는 돌아오지 않는 경우다. 밖에서는 유쾌하게 웃고 반응하던 사람이, 집 안에서는 무표정하고 말이 없다면 가족은 그 온도차에 상처를 받는다. 배우자나 자녀는 "나에게는 왜 저런 모습을 보여주지 않을까?"라는 감정을 품게 되고, 이는 감정적 거리감으로 이어진다. 특히 감정 중심의 배우자는 이러한 온도차를 더 크게 느낀다. 지중해형의 따뜻함에 끌려 결혼했지만, 그 따뜻함이 모든 사람에게 고르게 분산될 때 '나는 특별한 존재'라는 감각이 사라지기 때문이다.

감정이 건강하게 흐르지 않을 때, 지중해형의 친절은 가족에게 오히려 상처가 된다. 외부로 향한 다정함이 내부로 충분히 돌아오지 않으면, 가족은 감정의 중심에서 밀려났다고 느끼게 된다. 감정형 배우자일수록 그 소외감은 크다. 감정의 방향이 어디를 향하는지를 조율하는 것이 무엇보다 중요하다. 외부에 쏟은 감정의 절반만이라도 가족에게 돌릴 수 있다면, 가정은 훨씬 더 따뜻하고 안정적인 정서의 공간이 될 수 있다.

또한, 지중해형의 의사소통은 간접적인 경우가 많다. '삼겹살 먹고 싶다'는 말을 '자기는 뭐 먹고 싶어?'처럼 돌려 표현하며, 상대가 자신의 의도를 눈치채주길 기대한다. 이는 상대가 공감해주기를 바라는 마음이 깔려 있는 표현 방식이다. 반면 소금산형이나 사막형은 직선적인 화법을 선호한다. 이러한 표현 방식의 차이를 인식하지 못하면 대화는 쉽게 엇갈린다.

예를 들어 "왜 그렇게 했어?"라는 질문은 본래는 감정을 묻는 말일 수 있지만, 듣는 이에게는 공격이나 반박처럼 받아들여진다. 진심을 전달하기 위해서는, 상대의 입장을 먼저 인정하고 자신의 감정을 명확히 전하는 것이 중요하다. "그럴 수도 있겠네. 그런데 나는 이렇게 느꼈어"라는 말은 갈등 없이도 충분한 감정 전달을 가능하게 해준다.

지중해형은 자신도 모르게 낯선 이에게 더 많은 정성을 기울이고, 가까운 이들에게는 감정을 절제하는 경향이 있다. 그러나 진정한 친절은 가장 가까운 사람에게 먼저 닿아야 한다. 관계의 에너지가 바깥으로만 흘러가지 않도록, 감정의 초점을 가족에게도 균형 있게 맞추는 것. 그것이야말로 건강한 지중해형으로 살아가기 위한 핵심이다.

정돈된 삶에서 만족을 느끼는 에베레스트

조용한 설명, 깊은 마음 ──── ♦

에베레스트형은 조용하고 절제된 태도를 유지하며, 감정을 겉으로 잘 드러내지 않는다. 하지만 이들이 사랑을 표현하지 않는 건 아니다. 오히려 이들은 자신만의 독특한 방식으로 깊고 정제된 사랑을 전한다. 이들에게 사랑의 언어는 단순한 말이 아니라, 철저히 '생각과 설명'에 기반한다.

에베레스트형은 사랑하는 사람에게만 설명을 한다. 예를 들어, 상대가 외출을 하려 하면 이렇게 말한다. "오늘 미세먼지가 심하고, 기온이 많이 떨어졌어. 교통 체증도 심할 예정이니까, 차를 가져가면 오히려 불편할 수 있어. 오늘은 그냥 집에 있는 게 좋을 것 같아." 단순한 '나가지 마'라는 말 대신, 왜 나가지 않아야 하는지를 조목조목 설명한다. 이

상세한 설명이 바로 이들의 사랑의 방식이다. 이 설명은 불특정 다수를 위한 것이 아니다. 오직 사랑하는 단 한 사람을 위한 배려다.

일상에서도 에베레스트형은 대부분 조용히 행동한다. 직장에서 동료가 잘못된 방식으로 일하고 있어도, 굳이 지적하지 않는다. 말해봤자 듣지 않을 거라고 여기거나, 나섰다가 일이 더 커질까 봐 조심한다. 하지만 사랑하는 사람에게는 다르다. 문득 TV를 보다가도 한마디 던진다. "쟤 좀 이상한 것 같아." 이런 짧은 말조차 마음을 열고 있다는 표시다. 원래 말이 적은 사람이 굳이 의견을 나누는 대상은 마음을 주고 있는 상대뿐이다.

실제로 한 아내는 남편이 퇴근 후 매일 전화를 걸어오는 행동을 처음에는 별 의미 없이 받아들였다. 하지만 시간이 지나고 나서야, 그 반복적인 전화가 단순한 습관이 아니라 사랑의 표현이었다는 사실을 깨달았다고 했다. 평소엔 말이 적고 감정을 드러내지 않던 남편이, 유독 아내에게는 생각을 설명하고 자신의 하루를 나누려 했던 이유는 바로 진심에서 비롯된 애정이었다.

에베레스트형에게 말은 귀한 자산이다. 입을 연다는 건, 그만큼 마음을 열었다는 뜻이다. 설명은 그 자체로 사랑이며, 신뢰의 표현이다. 이들은 날씨 하나를 이야기할 때도 애정을 담는다. "오늘은 비가 오고, 기온은 18도래. 내일은 더 떨어질 거야." 1도 단위까지 정확하게 말하는 이유는, 관심과 배려의 마음에서다.

그러나 이 설명이 모든 이에게 사랑으로 느껴지는 것은 아니다. 예컨대 지중해형은 다정한 말, 따뜻한 손길, 부드러운 눈빛을 통해 사랑을 느낀다. 설명은 많지만 애정 표현은 없는 에베레스트형의 방식은 지중해형에게 혼란을 준다. "말은 많은데, 왜 내가 원하는 사랑은 안 줘?"라고 느낄 수 있다. 실제로 이런 이유로 부부 사이에 오해가 생기기도 한다. 사랑의 언어를 서로 다르게 쓰면, 마음이 제대로 전달되지 않기 때문이다.

그렇다면 에베레스트형이 받고 싶은 사랑은 무엇일까? 흥미롭게도 이들은 설명을 듣는 걸 좋아하지 않는다. 본인은 자주 설명하지만, 상대의 설명에는 쉽게 짜증을 낸다. "그건 이미 알아", "한 번 들었잖아" 같은 반응이 흔하다. 자신이 직접 알아보고 배우는 것을 선호하며, 누군가가 알려주는 지식은 잘 받아들이지 않는다. 이들은 자율성을 중시한다.

에베레스트형이 가장 큰 만족을 느끼는 순간은 자신의 사고 과정을 인정받을 때다. "당신 생각, 정말 괜찮은 것 같아", "그 판단, 멋져" 같은 말은 강한 긍정의 메시지로 다가온다. 그리고 이들은 '질문'을 받을 때 마음을 연다. "이건 어떻게 생각해?", "그건 어떻게 하는 게 좋아?"라고 물어보면, 자신이 알고 있는 지식과 생각을 정리해 설명한다. 이때 이들은 기분이 매우 좋아진다. 누군가에게 도움이 되고 있다는 느낌에서 큰 만족을 얻기 때문이다.

이들의 설명은 때때로 길어질 수 있다. 잘 모르는 주제일 경우, 스스로 공부해 정리한 뒤에 답을 주기도 한다. 질문을 통해 자신이 가진 것을 나눌 수 있을 때, 에베레스트형은 가장 자연스럽게 사랑을 주고받는다.

에베레스트 성향의 사람에게 질문은 사랑의 열쇠이며, 설명은 사랑의 언어다. 이들은 혼자 있는 시간을 사랑한다. 조용한 공간, 정돈된 환경, 몰입할 수 있는 무언가가 있을 때 안정감을 느낀다. 그러나 동시에, 자신이 아끼는 무언가에 대해 누군가가 진심으로 관심을 보일 때, 마음이 열리고, 사랑이 흘러나온다. 그들이 전하는 사랑은 작지만 깊고, 조용하지만 단단하다.

과묵한 그들과 의외의 시너지 내는 미로 성향 ──♦

에베레스트형은 말수가 적고 조용하며, 감정을 드러내기보다는 속으로 삼키고, 표현보다는 행동으로 마음을 전하는 성향이다. 이들의 사랑은 겉으로 드러나지 않지만, 묵묵히 다가오는 진심이 담겨 있다. 에베레스트형에게 관계의 핵심은 '신뢰'와 '존중'이다. 자신이 충분히 고민해 내린 결정을 무시당했다고 느끼는 순간, 단순한 불편을 넘어 관계 전반에 균열이 생긴다.

이러한 성향은 미로형과 만났을 때 의외로 조화로운 관계를 이룰 수 있다. 미로형은 설명을 통해 세상을 이해하고 감정을 정리하는 성향이다. 납득이 되어야 움직일 수 있으며, 상대의 설명 속에서 안정감을 얻는다. 에베레스트형이 말로 진심을 전하는 순간, 미로형은 그 말 자체에서 사랑을 느낀다.

두 성향은 겉보기에는 상반돼 보이지만, 서로를 이해하기 시작하면 매우 안정적인 관계로 발전할 수 있다. 실제 상담 현장에서 이 조합의 부부를 보기 드문 이유도 여기에 있다. 갈등이 있어도 크고 깊어지지 않기에 상담센터까지 오지 않는 경우가 많다.

예를 들어, 에베레스트형 남편이 새로 산 가전제품의 사용법을 미로형 아내에게 자세히 설명해주는 모습은 단순한 정보 전달이 아니라 깊은 애정 표현이다. 에베레스트형은 사랑하지 않는 상대에게는 굳이 이런 설명을 하지 않는다. 말 자체를 아끼는 성향이기 때문이다. 미로형에게 설명은 곧 관심이자 애정의 증거다.

하지만 갈등의 가능성이 전혀 없는 것은 아니다. 실제 상담 사례에서는 미로형 아내와 에베레스트형 남편 사이에 주식 투자를 둘러싼 마찰이 있었다. 남편은 성실하게 분석해 투자를 결정하는 반면, 아내는 금융상품에 대한 불확실성으로 인해 극심한 불안을 느꼈다. 미로형은 통제 가능한 구조를 선호하기 때문에, 예측 불가능한 일에 불안감을 크게 느낀다.

아내는 투자를 반대하며 자신의 불안을 표현했지만, 남편은 이를 무시나 불신으로 받아들였다. 그 결과, 설명 없는 감정적 반응이 오갔고, 갈등은 다른 문제로 표출되었다. 결국 이들의 갈등 핵심은 '신뢰와 존중의 방식 차이'였다.

해결책은 단순했다. 부부의 자산 중 일부를 '잃어도 괜찮은 돈'으로 설정하고, 남편에게 위임하는 방식이다. 일정 금액만큼은 남편의 판단에 맡기고, 손실이 나더라도 감정적으로 수용하는 것이다. 이 작은 변화는 남편에게 존중받고 있다는 느낌을 주었고, 그는 아내를 더 배려하게 되었다.

이후 남편은 새벽에 일어나 밥을 짓고, 딸기를 씻어두는 등 사소한 행동으로 애정을 표현하기 시작했다. 단지 자신을 믿어주었다는 이유 하나만으로, 더 잘하고 싶다는 마음이 생긴 것이다. 투자에서도 좋은 결과가 나타났고, 남편은 수익을 아내와 나누며 기쁨을 표현했다. 부부 관계는 한층 단단해졌다.

이 조합이 '환상의 커플'로 불리는 이유는, 둘 다 머리형이라는 공통점 때문이다. 머리형은 감정보다는 이성적 설명과 구조 속에서 안정감을 느낀다. 단순한 위로나 공감보다는 '왜 그런지'에 대한 설명이 더 큰 위로가 된다. 따라서 이들에게는 성향을 이해하고 그에 맞춰 반응하는 것이 곧 치유의 과정이 된다.

미로형은 에베레스트의 행동을 존중했고, 에베레스트는 미로의 불안을 설명으로 응답했다. 서로의 언어를 이해하고 반응한 결과, 빠른 회복과 깊은 연결이 가능했다. 이는 아내가 에베레스트형이고 남편이 미로형일 때도 마찬가지다. 남편이 하루 일과를 아내에게 차분히 설명하고, 아내가 경청하고 공감하는 과정 속에서 신뢰는 자연스럽게 쌓인다.

미로형은 궁금한 것을 질문하고, 설명을 들으며 교감을 나눈다. 에베레스트형은 존중받는 느낌이 들면, 자신의 분야가 아니더라도 성실히 설명하려 한다. 그 태도 자체가 사랑의 표현이 된다.

이처럼 이들이 안정적인 관계를 유지하기 위해 필요한 것은 특별한 기술이 아니다. 서로의 성향이 다르다는 사실을 인식하고, 상대가 원하는 방식으로 반응해 주는 것이다. 다름을 이해하고 존중하는 태도만으로도, 두 사람은 충분히 건강하고 따뜻한 관계를 이어갈 수 있다.

우린 왜 돈 얘기만 하면 싸울까 ── ♦

에베레스트 유형은 '목표 지향적'이고 '실용 중심'의 삶을 지향한다. 돈을 쓰는 데 있어서도 감정보다 기능과 효율성을 우선시한다. 이들에게 소비란, 목적이 분명할 때만 정당화된다. 필요 없는 지출은 곧 낭비이며, 소비가 곧 삶의 불안 요소가 되기 쉽다. 따라서 에베레스트는 최소한의 소비로 최대한의 효과를 얻고자 한다. 예를 들어, 에베레스트 성향을 가진 한 남편은 한겨울에도 내복 하나만으로도 충분하다고 여긴다. '추위를 견딜 수 있으면 굳이 새 옷을 살 필요가 없다'는 그의 논리는 가족에게 쉽게 받아들여지지 않는다. 아내는 이런 그의 태도에 답답함을 느끼지만, 그는 '쓸데없는 지출은 스트레스를 준다'며 자신만의 원칙을 고수한다.

반면, 와이키키형과 지중해형은 소비를 단순한 지출이 아닌 삶의 일부로 인식한다. 이들은 경험과 감정을 중시하며, 소비 그 자체에서 즐거움과 정서적 충만함을 얻는다. 좋은 물건을 사고, 분위기 있는 곳에서 식사하며, 작은 이벤트라도 선물을 준비한다. 이들은 소비를 통해 삶의 결핍을 메우고 에너지를 얻는다. 그래서 에베레스트형 파트너는 '왜 이걸 꼭 사야 하지?'라는 질문을 반복하게 된다. 한 사례에서, 와이키키 성향의 아내는 친구들과의 모임에서 분위기 좋은 레스토랑을 자주 찾는다. 아내는 "이런 자리가 나에게 힘이 돼"라고 말하지만, 남편은 영수증을 볼 때마다 얼굴이 굳는다. 그냥 밥 한 끼 먹자고 3만 원 넘게 쓰는 건 낭비라고 생각하기 때문이다. 아내는 그의 인색함에 서운해지고, 남편은 그녀의 소비 방식에 이해가 가지 않는다.

에베레스트는 적게 벌더라도 계획적으로 저축하고 통제 가능한 시스템을 구축한다. 반면 와이키키는 수입이 늘수록 지출도 비례하는 편이다. 이로 인해 경제적 여유와 심리적 안정감에서 큰 간극이 생긴다. 돈을 '쓸 수 있는 도구'로 보는 와이키키와, '쌓아야 하는 자원'으로 여기는 에베레스트는 근본적인 경제관념부터 다르다.

아이 양육에 있어서도 두 성향은 충돌한다. 와이키키나 지중해형은 아이에게 다양한 경험과 여유로운 환경을 제공하려 한다. 예쁜 옷, 여러 개의 젖병, 고급 장난감 등 '갖추는 것'에 중점을 둔다. 반면 에베레스트형은 실용성과 기능이 먼저다. 그래서 양육 방식에서도 '지출의 필요성'을 두고 갈등이 생긴다. 한 상담 사례에서는, 젖병을 일곱 개 준비한 아내에게 남편이 '왜 그렇게 많이 필요하냐'고 물었다. 아내는 밤중 수유와 외출 시 편의성을 설명했지만, 남편은 세척해서 다시 쓰면 된다는 입장을 고수했다. 결국 서로의 방식이 존중받지 못한다는 감정만 남았고, 그 여파는 육아 전반에 번지게 되었다.

에베레스트는 돈을 '한 번 넣으면 꺼내지 않는 것'으로 인식한다. 예산은 고정된 것이고, 다시 꺼낸다면 그건 예산이 아니라 출납이다. 반면 와이키키는 필요할 때 유연하게 꺼낼 수 있어야 한다고 여긴다. 이로 인해 부부 사이에 돈을 맡기고도 다시 요청하는 상황이 반복되면, 에베레스트는 큰 불안을 느낀다. 결국 돈을 다시 꺼내야 하는 상황이 생기면, 에베레스트는 '곳간의 문을 아예 닫아버리는' 방식으로 반응하게 된다.

지중해 유형은 돈을 요청하는 것 자체에 죄책감과 눈치를 느낀다. 자신이 맡긴 돈을 되찾는 상황에서도 '이번만'이라는 말을 붙이며 미안함을 표현한다. 특히 상대가 에베레스트 성향일 경우, 이러한 요청은 반복될수록 관계의 긴장을 불러온다.

이렇듯 에베레스트형은 감정보다 구조, 유동성보다 통제를 우선시한다. 그러나 이는 사랑하지 않아서가 아니라, '안전'을 위한 본능적 반응이다. 상대가 이 점을 이해하고, 그 안에서 조율 가능한 틀을 만들어갈 때 비로소 두 사람은 경제적 갈등을 줄이고, 관계의 안정성을 확보할 수 있다.

수건 접는 방향까지 맞춰야 하나요? ── ♦

에베레스트 성향의 이들은 삶의 안정감을 루틴과 효율성 속에서 찾는다. 하루가 계획대로 흘러가야 마음이 놓이고, 모든 활동은 일정한 구조 안에서 반복되어야 비로소 평온함을 느낀다. 이들은 아침 기상 시간부터 집 정리 방식, 식사 준비, 청소, 수면 루틴까지 일상을 철저하게 조직한다. 예를 들어 아침 커피를 내리는 시간조차 분 단위로 정해두고, 샤워 후 수건을 접는 방향까지 일관되게 유지한다. 이러한 질서는 에베레스트형에게 세상을 버틸 수 있는 기반이 되어준다.

반면 와이키키형은 계획보다 감정의 흐름에 따라 움직인다. 그날의 기분이 모든 것을 좌우하며, 즉흥성과 유연성이 생활의 핵심이다. 같은 일을 하더라도 그 시간과 방식, 접근 태도가 날마다 달라질 수 있다. 청소를 시작하다가 음악을 틀고 춤을 추는가 하면, 갑작스레 외출을 결정하는 일도 흔하다. 이 자유로운 리듬은 와이키키형에게는 자연스럽고 활력 넘치는 삶의 방식이지만, 에베레스트형에게는 예측할 수 없는 혼란으로 느껴진다.

한 부부는 청소 문제로 자주 갈등을 겪었다. 남편은 에베레스트형으로, 먼지가 없어도 정해진 요일에 청소기를 돌려야 마음이 편했다. 분리수거는 반드시 정해진 날에 해야 했고, 걸레질을 마친 후에는 걸레를 깨끗이 빨아 널고, 정해진 방식으로 개어 두는 것까지가 청소라고 여겼다. 반면 와이키키형 아내는 필요할 때, 눈에 띄는 것만 치우면 충분하다고 생각했다. 청소는 상황에 따라 달라져야 하며, 정리도 물건이 안 보일 때 시작하면 된다는 태도였다. 반복되는 생활 방식의 차이는 결국 서로의 태도를 지적하게 만들었고, 그때마다 감정의 골이 깊어졌다.

수면 루틴에서도 비슷한 갈등이 발생했다. 남편은 아무리 피곤해도 반드시 씻고, 잠옷으로 갈아입고, 물건들을 제자리에 둔 뒤에야 하루를 마무리할 수 있었다. 하루의 끝은 질서와 정돈 속에서만 가능했다. 그러나 아내는 피곤하면 소파에 그대로 누워 잠들기도 했고, 옷을 갈아입지 않거나 화장을 지우지 않은 채 잠들 때도 있었다. 어느 날, 아내가 술을 마시고 씻지 않은 채 소파에서 잠든 것을 본 남편은 밤새 잠을 설쳤다. 다음 날 그는 "이런 식이면 건강에 안 좋아"라고 말했지만, 아내는 '하룻밤 그런 걸로 왜 예민하냐'며 답답해했다.

식생활에서도 두 사람의 차이는 분명했다. 에베레스트형은 실용성과 영양을 우선으로 두고, 식사 준비도 최소한의 노력으로 효율적인 결과를 추구한다. 반면 와이키키형은 음식 자체보다 식사의 경험과 분위기를 중시한다. 같은 요리를 하더라도 목적과 방식은 전혀 다르다. 예를 들어, 잡채를 만들 때 에베레스트형은 당면과 간장 정도로 간단하게 조리하고 싶어 하지만, 와이키키형은 다양한 채소를 곁들여 색감과 맛을 살리고, 예쁜 그릇에 플레이팅까지 정성스럽게 마무리한다. 이때 에베레스트형은 "굳이 이렇게까지 해야 해?"라고 생각할 수 있다.

생활 공간에 대한 기준도 다르다. 에베레스트형은 정돈된 공간에서 비로소 집중과 평안을 얻는다. 물건은 항상 제자리에 있어야 하고, 공간이 흐트러지면 마음도 산란해진다. 반면 와이키키형은 공간이 다소 어수선해도 감정적으로 편안하면 불편을 느끼지 않는다. 오히려 지나치게 정리된 공간은 답답하고 재미없게 느껴지기도 한다. 소파 위 쿠

션의 각도가 흐트러진 것을 즉시 바로잡는 남편에게, 아내는 강박적인 집착처럼 느낀다. 이처럼 기준이 다르면, 생활의 사소한 순간들도 지적과 방어로 이어지기 쉽다.

이러한 충돌은 결국 서로의 감정 방식이 다르다는 데서 비롯된다. 에베레스트형은 반복과 예측 가능성에서 안정감을 얻고, 와이키키형은 변화와 감정의 흐름 속에서 자유를 누린다. 어느 쪽이 옳고 그르다고 판단할 수 없다. 문제는 상대의 방식을 고치려 들 때 발생한다. 서로가 익숙한 리듬을 무시당했다고 느끼는 순간, 관계의 피로감은 누적된다.

함께 살아가기 위해서는 각자의 리듬을 존중하고, 충돌이 아닌 조율의 가능성을 찾아야 한다. 청소, 수면, 식사, 공간 사용처럼 일상의 작은 요소들이야말로 감정적 안정과 연결되어 있다. 서로의 기준을 이해하고, 겹치는 지점을 찾아내는 노력은 단지 생활 방식을 맞추는 수준을 넘어서, 서로의 삶에 균형과 따뜻함을 더하는 소중한 자산이 된다.

예민함은 미로의 생존감각

불안이 높아 예측 가능한 안정감을 추구 ──── ♦

미로 성향은 사고 중심의 유형이다. 이들은 무엇이든 설명을 통해 이해하려 하고, 그 이해를 바탕으로 안정감을 얻는다. 관계 안에서도 마찬가지다. 상대의 행동이 어떠한 맥락에서 비롯된 것인지, 왜 그렇게 반응했는지를 알 때 비로소 마음이 편안해진다. 그런 이유로, 미로 성향의 사람은 설명이 부족한 상황에서 불안을 느끼기 쉽다. 예고 없이 변한 계획, 약속 불이행, 무관심하게 느껴지는 태도는 곧바로 감정의 소용돌이를 일으킨다.

문제는 많은 이들이 이 불안을 단지 예민함이나 집착으로 오해한다는 점이다. 그러나 미로에게 있어서 그것은 '생존의 감각'에 가깝다. 신뢰는 구체적인 말과 일관된 행동으로 쌓인다. 말과 행동이 어긋나거나, 설명 없이 일이 벌어지면, 미로의 마음속에는 수많은 가능성과 해석이 파도처럼 밀려온다. 그리고 그 해석은 종종 가장 불안한 방향으로 향한다.

갈등은 이 지점에서 시작된다. 와이키키처럼 설명을 싫어하고 즉흥적인 성향과 함께 살아가게 되면, 미로는 불안에서 좀처럼 벗어나지 못한다. 와이키키는 "그냥"이라는 단어 하나로 하루를 정리하려 하지만, 미로는 '누구와, 어디서, 왜, 무슨 일로'까지 알아야만 하루가 마무리된다. 설명이 없으면 신뢰가 생기지 않고, 신뢰가 없으면 불안이 커지며, 그 불안은 결국 분노로 이어진다.

미로의 갈등은 사소한 일상에서 자주 발생한다. 예를 들어 남편이 "오늘 늦을 수도 있어"라고 말하면, 미로는 "몇 시쯤?"이라고 묻는다. 와이키키 성향의 남편은 "12시 전엔 갈게"라고 대답하지만, 이 말은 단지 상황을 모면하기 위한 임시방편일 뿐이다. 실제로는 회식이 길어져 2시가 넘어서야 귀가한다. 미로는 약속한 시간이 다가오기 전까지는 평온하다. 그러나 시계가 12시를 넘기는 순간부터 불안이 시작된다. 전화와 메시지를 반복하고, 연락이 되지 않으면 분노로 전환된다. 남편은 그 상황을 '예민하게 굴지 말라'고 반응하지만, 아내는 자신이 얼마나 큰 감정의 홍수를 겪고 있는지 설명할 길이 없다.

이런 갈등이 반복되면, 와이키키 성향의 배우자는 점점 대화 자체를 피하고, 이를 바라보는 미로 성향의 아내는 더욱 강한 통제를 시도한다. 감정은 폭발하고, 서로에게 피로감을 느낀다. 감정 교류는 끊기고, 결국 같은 집에 살면서도 각자의 세계에 고립된다.

그렇다고 이 조합에 희망이 없는 것은 아니다. 미로가 진정 원하는 것은 '완벽한 설명'이 아니라, '예측 가능한 안정감'이다. 구체적인 시간 약속, 간단한 상황 공유, 그리고 감정을 소외시키지 않는 태도만으로도 갈등은 상당 부분 줄어들 수 있다. 예를 들어, 늦을 것 같다면 단순히 "늦어"라고 하기보다, "지금 몇 시쯤 끝날 것 같고, 그 뒤에 어떻게 움직일지 모르지만 1시 전엔 들어올게"라는 식의 대화가 훨씬 효과적이다.

한편, 미로 성향의 사람도 자신의 불안을 의식적으로 다루는 훈련이 필요하다. 불안이 올라올 때마다 곧바로 상대방을 추궁하거나, 통제하려 하기보다는 자신에게 차분히 되묻는 태도가 필요하다. "지금 불안하지만, 이 감정은 사실 내가 느끼는 감정일 뿐, 아직 진짜 사건은 일어나지 않았다"는 식의 자기 인식이 중요하다. 반복된 의식은 결국 무의식으로 스며들고, 감정의 물결은 점차 가라앉는다.

 미로와 와이키키의 조합은 기본적인 리듬 자체가 다르다. 그래서 둘 사이에 일어나는 갈등은 단지 '상황 설명'의 유무 문제가 아니라, '관계의 리듬'이 서로 맞지 않는 데서 비롯된다. 이러한 관계는 설명력보다는 이해력, 갈등 회피보다는 갈등 관리의 능력이 중요해진다. 싸우지 않고 사는 법보다는, 싸움을 가볍고 짧게 넘기는 기술을 익히는 것이 훨씬 현실적인 전략이 된다.

육아로 인해 더 예민해지는 감정의 파도 ──── ◆

 결혼 초기에도 맞춰가는 과정에서 마찰이 잦지만, 자녀가 생긴 뒤에는 갈등이 더 깊어지기 쉽다. 미로형 아내는 육아를 계획적으로 관리한다. 아이의 수면, 식사, 발달 상황 하나하나를 체크하고, 하루를 정리된 틀 안에서 살아간다. 그러나 와이키키형 남편은 그 계획을 공유하지 못한 채 자신의 리듬대로 움직인다. 약속을 잊거나, 예고 없이 늦는 일이 반복되면, 아내는 단순한 서운함을 넘어서 감정적 고립을 느끼게 된다.

 하루 종일 아이를 돌보며 지친 아내가 남편의 귀가를 기다리고 있을 때, 아무 말 없이 회식을 하고 늦게 들어온다면, 그 순간 아내에게 쌓인 감정은 터져 나온다. 그것은 단순히 '늦은 귀가' 때문이 아니다. 반복된 외면, 고된 육아 속에서 함께하지 않는다는 느낌, 그리고 '내 편이 없다'는 외로움이 겹쳐진 결과다. 분노는 그 모든 감정이 뒤섞인 형태로 폭발한다.

이런 일이 반복되면, 아내는 자신이 왜 이 관계 안에 머물러야 하는지에 대해 회의감을 갖게 된다. 남편의 무심한 행동은 신뢰를 무너뜨리고, 대화는 점점 단절된다. 아내는 감정적으로 소진되고, 아이에게 짜증을 내는 일이 잦아진다. 이후에는 스스로 죄책감에 시달리는 악순환이 시작된다.

부부 간 대화는 더욱 어긋난다. 아내는 약속을 지키지 않은 남편을 조목조목 지적하지만, 남편은 '그럴 만한 이유가 있었고, 그렇게까지 화낼 일은 아니지 않냐'는 반응을 보인다. 말은 오가지만 감정은 서로에게 닿지 않는다. 남편은 왜 자신이 비난받는지 이해하지 못한 채 억울해하고, 아내는 그런 무반응이 더 큰 배신처럼 느껴진다.

이러한 차이는 일상 전반에서 나타난다. 외출이나 여행을 계획할 때, 미로형 아내는 날짜, 시간, 준비물을 미리 정리해두는 편이다. 반면 와이키키형 남편은 날씨나 기분을 보고 당일에 계획을 바꾸거나, 갑자기 제안을 하기도 한다. 그런 깜짝 이벤트는 남편에게는 애정 표현이지만, 아내에게는 불안을 자극하는 행동이다. 기대한 반응이 나오지 않으면, 남편은 서운함을 드러낸다. "다른 사람들은 다 좋아하던데, 왜 너만 그래?"라는 말은 또 다른 갈등의 불씨가 된다.

결국 두 사람은 각자의 이유로 고립되어 간다. 아내는 정서적 피로와 외로움 속에서 닫히고, 남편은 아내의 분노를 이해하지 못해 멀어진다. 하지만 그 감정의 뿌리는 다르다. 한쪽은 확신이 필요한 사람이고, 다른 한쪽은 자유가 필요한 사람이다. 서로가 무엇에 민감하고 무엇을 안정으로 여기는지를 모를 때, 이 다름은 곧 오해가 된다.

더욱 안타까운 것은, 이 오해가 상대를 '악의 있는 존재'로 인식하게 만든다는 점이다. 아내는 남편의 무심함이 고의적이라고 생각하고, "왜 나에게 이런 고통을 주는 걸까"라는 감정으로 빠져들기도 한다. 그러나 본질은 악의가 아니다. 그것은 서로 다른 성향이 만들어내는 감정 해석의 차이일 뿐이다.

건강한 관계를 위한 출발점은 이 '다름'을 인정하는 데 있다. 내 방식과 다르다고 해서 상대를 죄인으로 몰아세우지 않고, 그 사람의 리듬을 이해하려는 노력이 필요하다. 특별한 기술보다 중요한 것은 반복적인 연습이다. 감정적으로 반응하기 전에 잠깐 멈추고, 의식적으로 사고하고 말하는 연습이 반복될 때, 관계의 흐름도 점차 바뀌기 시작한다.

부부는 세상에서 가장 확실한 내 편 ──◆

미로 성향은 생각보다 많은 사람에게서 발견된다. 이 성향의 사람들은 섬세하고 복합적인 감정 구조를 지니고 있으며, 관계 안에서 안정감을 얻기 위해 끊임없이 의미를 찾고 해석하려 한다. 무엇에 민감하게 반응하고, 어떤 상황에서 불안을 느끼며, 무엇을 기대하는지를 이해하는 일은, 이들과 건강한 관계를 맺기 위한 핵심이다.

미로는 설명을 통해 세상을 이해하고, 그 이해를 통해 안정을 얻는다. 관계 역시 마찬가지다. 단순한 감정의 교류를 넘어서, 구체적인 언어와 반복적인 설명이 있어야 관계에 신뢰를 느낀다. "오늘은 내가 설거지를 할게", "이번 주말엔 아이를 내가 돌볼게"와 같은 사소한 말이라도, 그 약속이 지켜질 때 비로소 진심을 받아들일 수 있다.

신뢰는 거창한 선언에서 시작되지 않는다. 퇴근하고 집에 도착하면 톡을 보내기로 약속했다면, 정말로 집에 들어서자마자 메시지를 보내는 것. 단지 한 통의 메시지일 뿐이지만, 그 작은 행동이 지켜질 때 미로는 관계 안에서 안심한다. 반복되는 작고 확실한 실천이 쌓일 때, 그제야 마음을 열고 진심으로 관계에 안착할 수 있는 것이다.

성향의 궁합 측면에서 볼 때, 미로에게 가장 편안한 조합은 에베레스트다. 에베레스트형은 구조적 사고를 바탕으로 설명하는 데 능하며, 복잡한 상황도 논리적으로 정리해 전달한다. 사고형인 두 사람이 만나면 갈등이 생겨도 이를 인식하고 분석하는 능력이 빠르고, 결과적으로 문제 해결에도 효율적이다. 설명을 통해 안정감을 얻는 미로와, 설명하는 것을 불편해하지 않는 에베레스트는 서로에게 신뢰의 토대가 될 수 있다.

반면, 와이키키와의 조합은 잦은 갈등을 낳는다. 와이키키형은 즉흥적이고, 계획보다는 감정의 흐름에 따라 행동한다. 감정을 잘 표현하긴 하지만, 설명을 생략하는 경우가 많고, 미로의 '왜?'라는 질문을 피로하게 느껴 회피하기도 한다. 이 둘 사이에선 감정적 온도는 높지만, 대화의 접점은 좁아지기 쉽다.

지중해형과의 관계는 겉보기엔 평화로워 보이지만, 실제로는 확신을 주지 못해 미로를 불안하게 만든다. 지중해형은 따뜻하고 포용적인 태도를 갖고 있지만, 명확한 결정이나 주도적인 방향 제시에는 소극적이다. 미로는 자신을 안정시켜줄 만큼 선명한 확신을 필요로 하는데, 지중해형의 '좋은 게 좋은 거지'라는 유연한 태도는 오히려 불확실함으로 다가온다. 그래서 이 조합은 관계의 초입에서부터 발전이 더디거나 멈추는 경우가 많다.

흥미롭게도 활화산과의 조합은 의외로 안정적일 수 있다. 활화산형은 설명은 부족하지만, 빠른 판단과 명확한 행동으로 미로에게 든든함을 준다. 선택을 앞두고 망설이는 미로에게 방향을 제시해주는 이 존재감은 안정으로 이어진다. 다만, 활화산의 말과 행동이 불일치하게 되면, 그 강한 추진력은 오히려 신뢰를 무너뜨리는 위협이 된다.

미로끼리의 만남은 이해는 잘 되지만, 실질적인 관계 유지에는 어려움이 따른다. 둘 다 설명을 원하면서도, 충분히 해주지 못하는 상황이 잦다. 중요한 결정 앞에서 서로 미루게 되고, 관계는 지지부진해진다. 불안이 서로를 자극하고, 해결되지 않은 감정은 관계를 정체시킨다.

소금산과 미로의 관계는 초반에는 안정적이다. 소금산형은 설명을 잘하고 계획을 세우는 데 능숙하기 때문에, 미로는 신뢰를 느낄 수 있다. 하지만 시간이 지나며 소금산 특유의 교정적 태도, 즉 반복적인 조언이나 지적이 미로에게는 압박으로 작용한다. 완벽주의적이지 않은 미로에게 계속되는 수정 요청은 부담이 되고, 결국 관계는 긴장 상태로 바뀐다.

사막과의 관계는 처음에는 별다른 갈등 없이 흘러가지만, 정서적 소통이 필요한 시점에 균열이 생긴다. 사막형은 일 중심적인 삶을 살아가는 경향이 강하고, 가족 안에서 감정적 돌봄에는 소극적이다. 육아로 지쳐 있는 미로형 아내에게, '나는 돈 벌잖아'라는 태도를 보이는 사막형 남편은 정서적 단절의 상징이 된다. 이때 미로는 외면당하고 있다는 감정을 강하게 느끼게 된다.

호수형과의 조합도 조심이 필요하다. 미로는 설명을 통해 관계를 구축하려 하지만, 호수형은 감정을 중심으로 관계를 느끼고 해석한다. 말보다 느낌을 중시하는 호수형에게, 미로의 분석적 언어는 거리감을 만드는 요소가 된다. 결국 두 사람은 서로의 표현 방식에 익숙해지지 못한 채, 마음이 어긋나는 경우가 많다.

결국 미로와의 관계에서 가장 중요한 것은 신뢰다. 그리고 그 신뢰는 감정적인 말보다, 작은 행동의 반복 속에서 생긴다. 잘 짜인 문장보다, 제시간에 도착한 약속. 따뜻한 말보다, 예고된 귀가. 이것이 반복될 때, 미로는 '이 사람이 내 편이구나'라는 안심을 한다.

부부는 단순히 함께 사는 존재가 아니라, 세상에서 가장 확실한 내 편이어야 한다. 미로 성향의 사람에게 "네가 말했으면, 그 말이 맞을 거야"라고 믿어주는 한마디는 무엇과도 바꿀 수 없는 위안이 된다. 그 믿음이 쌓일수록, 미로는 자신을 믿는 힘도 함께 키워나간다. 그리고 그 믿음 위에 세워진 관계는, 더 이상 설명을 요구하지 않아도 편안한 공기가 흐르는 공간이 된다.

개인 시간이 부족해 힘든 와이키키

자유를 꿈꾸는 낙천주의자의 이면 ──── ♦

와이키키 성향은 특히 요즘 세대, 그중에서도 30대 사람들에게서 자주 발견된다. 이들은 명랑하고 가볍게 살아가는 듯 보이지만, 겉보기와 달리 복잡한 내면이 존재한다. 생각도, 걱정도 많지만, 이를 말로 풀어내기보다는 가볍고 유쾌한 방식으로 감추곤 한다. 겉으로는 단순한 사람처럼 비칠 수 있으며, 주변에서는 "생각이 없는 것 같다", "미래를 전혀 걱정하지 않는다"는 평가가 나오기도 한다. 하지만 이는 오해다. 와이키키도 불안을 느끼고 걱정하지만, 그 감정을 드러내지 않을 뿐이다.

이 성향의 핵심 특징 중 하나는 결혼이라는 제도 속에서 '자유를 빼앗긴다'는 심리적 불안을 느낀다는 점이다. 이는 단순한 물리적 제약이 아니라, 결정의 자율성을 잃었다는 인식에서 비롯된다. 와이키키는 자유롭게 돈을 쓰고, 일정을 정하고, 사람을 만나는 삶에 익숙하지만, 결혼 이후엔 모든 것이 협의의 대상이 된다. 이 변화는 이들에게 큰 스트레스로 작용한다.

와이키키 성향에게 양육이나 가정의 책임은 자유를 제한하는 현실로 다가올 수 있다. 감정의 흐름에 따라 움직이는 이 성향에게는, 일정한 시간표와 반복되는 일상이 심리적 압박으로 느껴지기 쉽다. 아이에 대한 애정은 충분하지만, 친구를 만나거나 간단한 통화를 하는 것조차 어려워지면서 자율성을 상실하는 듯한 좌절을 겪게 된다. 경제적 측면에서도 마찬가지다. 이전에는 자유롭게 소비를 결정할 수 있었지만, 공동의 재정 구조 안에서는 지출 하나에도 조율이 필요해지고, 이 과정이 부담으로 작용할 수 있다. 와이키키 성향에게 일상은 감정과 즉흥성의 흐름을 따라야 편안한데, 책임과 통제 중심의 환경으로 그 리듬은 자주 방해받는다.

이런 불안은 성향 자체의 문제가 아니라, 결혼이라는 구조와 와이키키 성향이 충돌할 때 발생하는 것이다. 중요한 것은 와이키키의 자율성과 즐거움을 이해하고 존중하는 태도다. 이 성향을 수용하고 조율하는 방식에 따라, 와이키키는 책임감 있게 삶을 살아갈 수 있다. 수입의 일정 비율을 자유롭게 쓸 수 있도록 보장하는 구조도 하나의 방법이 된다. 이때 중요한 것은 금액이 아니라 '자율성이 보장되고 있다'는 느낌이다.

문제는 와이키키가 설명하기를 불편해 하고, 갈등을 회피한다는 점이다. 이는 사고 중심 성향의 배우자들에게 스트레스를 유발할 수 있다. 관계에서 중요한 것은 '내가 불편하다고 해서 상대가 반드시 고쳐야 하는 건 아니다'라는 인식이다. 와이키키는 설명하지 않는 사람이 아니라, 설명하는 방식이 다른 사람이다. 그 특성을 인정하고, 조금씩 설명과 배려를 유도하는 접근이 필요하다. "몇 시에 들어와?"라는 질문에 "글쎄, 늦을 수도 있어"라는 답이 돌아오더라도, "늦는다면 몇 시쯤일까?"라고 부드럽게 되묻는 방식이 갈등을 줄이는 데 소통이 도움이 된다.

부부는 같은 템포로 걷지 않더라도 서로의 보폭을 이해하고 조율해 나가는 관계다. 와이키키 성향의 사람은 결혼생활을 하면서도 자신만의 방식을 존중받을 때 심리적 안정감을 느낀다. 반대로 지속적인 통제와 간섭을 경험하면 삶에 대한 의욕 자체를 잃게 된다.

부부 관계의 본질은 누가 맞고 틀린지를 가리는 데 있지 않다. 서로의 성향 차이를 인정하고, 그 다름을 조율해가는 여정이야말로 진정한 '함께 살아감'이다. 와이키키와 함께 살아간다는 것은 자유를 주되, 그 자유 안에 배려와 책임이라는 질서를 함께 세워주는 일이다. 그것이 이들과의 관계를 오래 지속하게 만드는 유일한 길이다.

자유롭게 흐르는 사람, 그 곁에 머무는 방식 ──── ♦

와이키키 성향의 사람은 즉흥성과 자유로움 속에서 살아간다. 그날의 기분이 행동을 결정하고, 예기치 못한 변화와 유쾌한 흐름 속에서 에너지를 얻는다. 틀에 갇히는 것을 답답해하고, 지나치게 구조화된 계획이나 감정의 확인 요구는 스트레스로 느껴진다. 이들에게 중요한 것은 감정의 '깊이'보다 감정의 '즉흥성'이다. 그래서 오히려 자연스럽고 무심한 호흡 속에서 진정한 친밀감을 느낀다. 그렇다면 이런 와이키키 성향과 조화를 이루기 쉬운 사람은 누구일까?

가장 잘 어울리는 성향은 지중해형이다. 지중해 성향의 사람은 감정적으로 따뜻하고 포용적이며, 갈등 상황에서도 상대를 비난하기보다 함께 해법을 찾는 태도를 보인다. 무엇보다 와이키키에게 부담이 되는 '설명 요구'나 '추궁'이 거의 없다. 그저 정서적 연결감을 유지하며 함께 시간을 보내는 것만으로도 만족한다. 와이키키에게 지중해형은 편안함 그 자체다. 말을 길게 하지 않아도, 있는 그대로를 존중해주는 지중해형의 태도는 와이키키에게 깊은 심리적 안정감을 제공한다.

에베레스트형과의 관계도 비교적 조화롭다. 에베레스트는 자신의 세계가 분명하고 독립적인 태도를 갖고 있다. 그들은 타인의 일상에 간섭하지 않으며, 자신에게도 그런 간섭이 들어오는 것을 꺼린다. 이 거리를 존중하는 태도는 와이키키에게 매우 편안하게 다가온다. 예를 들어, 와이키키가 친구들과 늦게까지 시간을 보내겠다고 할 때, 에베레스트는 "그래, 다녀와"라고 담백하게 반응한다. 설명을 요구하거나 이유를 따지지 않는 태도는 와이키키에게 '내가 인정받고 있다'는 감정을 준다.

다만, 두 사람의 내적 에너지가 완전히 다르다는 점은 장기적인 관계에서 주의할 필요가 있다. 와이키키가 외부 자극과 활기에서 에너지를 얻는 반면, 에베레스트는 조용하고 예측 가능한 환경에서 안정을 찾는다. 시간이 지날수록 에베레스트는 와이키키의 끊임없는 변동과 감정의 파도에 피로를 느낄 수 있다. 하지만 에베레스트 특유의 관용과 태도의 일관성이 유지된다면, 이 조합은 서로의 다름을 존중하며 균형을 이루는 좋은 파트너가 될 수 있다.

조금 더 복합적인 조합은 호수형과의 관계다. 호수는 감정 중심의 성향으로, 사랑을 '느낌'으로 확인받고자 한다. 와이키키의 유쾌함과 장난기 많은 표현은 처음엔 호수에게 긍정적인 정서 자극이 된다. 즉흥적인 이벤트나 다정한 스킨십 등은 사랑받고자 하는 호수의 욕구를 채워주기도 한다.

그러나 시간이 지나면 감정 표현 방식의 차이가 문제를 일으키기도 한다. 호수는 반복적인 애정 확인과 섬세한 정서적 교류를 통해 안정감을 얻는다. 반면 와이키키는 '기분 좋은 흐름' 안에서 감정을 주고받는다. 감정을 구조화해 표현하거나, 일정한 리듬으로 감정적 확인을 하는 데 익숙하지 않다. 그래서 와이키키는 자신이 충분히 표현하고 있다고 생각해도, 호수는 '정서적으로 고립됐다'고 느낄 수 있다. 갈등이 커지면, 호수는 내면을 닫고 정서적 고갈에 빠지게 된다.

이 조합이 건강하게 유지되기 위해서는, 와이키키가 자신의 표현 방식이 상대에게 어떻게 전달되고 있는지를 자각하는 것이 중요하다. 감정을 표현하는 방식은 다를 수 있지만, 호수가 필요로 하는 '정서적 안정'을 존중하려는 태도만 있어도 관계는 훨씬 더 부드러워진다.

사막형과의 관계는 이해와 조율이 필요한 조합이다. 사막은 일 중심적인 성향으로, 감정보다 효율과 성과를 우선시한다. 삶을 계획적으로 운영하고, 감정의 흐름보다는 책임과 실질을 중시하는 태도는 와이키키에게 차갑고 통제적인 존재로 느껴질 수 있다. 반대로 사막은 와이키키의 즉흥성과 자유로움을 '무책임'으로 받아들이기 쉽다.

하지만 이 조합의 갈등은 감정의 충돌보다는 가치관의 차이에서 비롯된다. 감정적 폭발보다는, 삶을 바라보는 기준이 전혀 다르기 때문에 생기는 오해다. 그럼에도 불구하고 사막은 타인을 통제하거나 간섭하려 하지 않기 때문에, 와이키키에게는 의외로 편안한 측면이 있다. 사막이 감성적인 언어를 익히고, 와이키키는 상대의 현실 중심 사고를 존중한다면, 이 관계는 의외로 실용적이면서 안정적인 방향으로 발전할 수 있다. 예를 들어, 사막이 "오늘은 당신과 여행 가고 싶다", "당신과의 시간이 즐겁다"와 같은 말을 의식적으로 표현하기 시작하면, 와이키키는 그 안에서 충분한 정서적 지지를 느끼고 관계에 안착할 수 있다. 감성적 언어는 사막에게 낯설 수 있지만, 관계를 이어가기 위해서 필요한 '정서적 연결고리'가 되어줄 수 있다.

이처럼 와이키키는 상황과 조합에 따라 다양한 관계를 형성할 수 있는 유연한 성향이다. 갈등의 가능성이 없는 것은 아니지만, 중요한 것은 서로의 본질적인 차이를 인정하는 태도다. 와이키키에게 중요한 것은 억압받지 않는 자율성과, 있는 그대로의 자신이 존중받고 있다는 감각이다. 그 자유가 인정되는 순간, 와이키키는 불편함 없이 관계에 머무를 수 있다.

서로 다른 리듬, 함께 걷는 법 ──── ◆

와이키키 성향은 자율성과 즐거움을 중시한다. 이들은 인생을 유쾌하고 가볍게 살아가길 원하며, 규칙이나 제한보다는 자유로운 흐름 속에서 에너지를 얻는다. 하지만 결혼이라는 제도는 필연적으로 현실적인 책임과 역할을 요구하기 때문에, 와이키키는 그 틀에 불편함을 느낀다. 특히 누군가가 설명을 요구하거나, 감정적인 갈등을 드러내는 상황에서는 회피하려는 경향이 강하게 나타난다. 이 지점에서 성향 간 충돌이 자주 발생한다.

 와이키키와 생활방식의 차이가 가장 뚜렷하게 드러나는 성향은 소금산이다. 소금산 성향의 이들은 계획과 절약, 책임을 중심으로 삶을 설계하며, 자신이 통제할 수 있는 환경을 선호한다. 만약 와이키키 남편이 몇 개월간 일하고 몇 개월간 쉬는 방식을 반복하며 자유로운 루틴을 즐긴다면, 소금산 아내는 그 모습을 불안하게 바라보게 된다. 소금산에게 돈은 미래를 위한 안전망이며, 경제적 책임은 가장의 기본이라고 여긴다. 하지만 와이키키는 돈을 현재의 즐거움을 위한 수단으로 바라본다. 이처럼 돈과 일에 대한 관점의 차이는 반복적인 갈등으로 이어진다.

 이러한 상황에서 실질적인 해법은 명확하다. 수입의 일부를 '자율예산'으로 구분해 와이키키가 자유롭게 쓸 수 있도록 하는 것이다. 중요한 것은 금액의 많고 적음이 아니라, 자신의 삶이 존중받고 있다는 느낌이다. 소금산에게는 다소 낯선 접근일 수 있다. 함께 고생하고 미래를 준비해야 한다는 전통적인 인식 안에서는, 이런 지출이 사치처럼 느껴지기 때문이다. 그러나 와이키키에게 자유와 보상은 곧 삶의 동력이다. 자율성이 보장되어야 삶의 의욕도 유지된다.

　와이키키와 미로의 조합은 겉보기에는 충돌이 적어 보일 수 있지만, 실상은 다른 문제를 안고 있다. 미로는 안정감을 위해 관계를 해석하고 설명하려는 성향이다. 반면 와이키키는 설명을 부담스러워하며 회피하려는 경향이 있다. 여기에 더해, 두 성향 모두 책임을 피하고 감정적 직면을 미루는 특성이 있어, 문제가 발생했을 때 서로 책임을 미루는 악순환이 반복될 수 있다. 이 조합은 감정의 폭발보다는 피로감으로 관계가 약해질 가능성이 크다.

　따라서 이 관계에서는 갈등을 회피하기보다는, '잘 싸우는 법'을 연습하는 것이 중요하다. 감정이 격해질 때 잠시 거리를 두고 감정을 가라앉히는 기술, 상대의 해석 욕구를 무시하지 않으면서도 자신을 방어하는 대화 방식이 필요하다. 서로의 표현 방식을 완전히 바꾸는 것보다, 다름을 인정하고 충돌하지 않는 언어를 찾아내는 것이 훨씬 현실적인 접근이다. "그럴 수도 있겠네"라는 한마디가, 같은 방향으로 걷지 않아도 서로를 향한 이해로 이어질 수 있다.

　와이키키와 활화산의 조합은 정서적 충돌이 가장 격렬하게 일어날 수 있다. 활화산은 감정을 강하게 느끼고 곧바로 표현하는 성향이며, 불편한 감정을 감추지 않고 드러낸다. 와이키키는 그런 강한 감정 표현 앞에서 당황하거나 회피하는 경우가 많다. 활화산은 진심으로 대화하려 드는데, 와이키키는 그 정서의 무게를 감당하기 어려워 농담으로 넘기거나 자리를 피하게 된다. 시간이 지날수록 활화산은 "왜 나를 무시하느냐"는 분노를 키우고, 와이키키는 더욱 조용히 숨게 된다. 결국 한 사람은 소리치고, 다른 한 사람은 침묵하며, 관계는 점점 더 멀어진다.

이 조합이 함께 살아가기 위해서는 '감정 앞에 서는 연습'이 필요하다. 와이키키는 감정을 무겁게 받아들이지 않으려는 자신을 인정하고, 그럼에도 불구하고 조심스럽게 응답하는 법을 배워야 한다. 동시에 활화산은 와이키키의 회피가 무관심이나 무시가 아니라, 그저 감정을 감당하는 방식이 다르기 때문임을 이해할 필요가 있다. 서로의 감정 표현 언어가 다름을 인정하고, 그것을 맞춰가는 노력이 관계 유지의 핵심이다.

부부는 언제나 같은 보폭으로 걷는 존재는 아니다. 서로 다른 리듬과 감정의 속도를 인식하고, 거기에서 충돌이 아니라 조율을 선택하는 태도가 중요하다. 와이키키와 함께 살아간다는 것은 무조건적인 자유를 보장하는 일이 아니라, 자율성과 책임 사이에서 균형을 맞추는 일이다. 그 균형이 잡힐 때, 이 조합은 누구보다 따뜻하고 유쾌한 관계로 지속될 수 있다.

Part 3

시월드·처월드 전쟁,
감정 아닌
성향으로 풀다

01

고부갈등, 장서갈등에 현명하게 대처하려면?

결혼은 본질적으로 익숙했던 삶에서 벗어나 새로운 조율이 필요한 과정이다. 결혼 전에는 먹고 싶을 때 먹고, 자고 싶을 때 자며, 자유롭게 일하고 쉴 수 있었다. 삶의 대부분이 자신의 선택 안에 있었지만, 결혼과 함께 그 자유는 제약되기 시작한다. 아이가 생기고, 양가 가족이 연결되면서 부부 각자의 삶에 '또 다른 가족'이라는 질서가 생긴다. 이 새로운 가족 체계는 예상보다 훨씬 복잡하고 강력한 영향을 미친다.

그중에서도 시가와의 관계는 많은 여성에게 가장 크고 깊은 압박으로 작용한다. 단순히 가족이 늘어난 것이 아니라, 기존에 없던 '도리'와 '예의'의 규범이 생겨나기 때문이다. 특히 시어머니와 며느리의 관계는 세대 간 가치관의 차이, 감정 표현 방식의 차이, 그리고 역할에 대한 기대가 얽혀 자주 충돌을 일으킨다. 그 충돌은 때로 날카롭게, 때로는 보이지 않는 방식으로 며느리의 마음을 소진시킨다.

최근에는 장서 갈등도 함께 부각되고 있다. 맞벌이 부부가 늘어나고, 육아와 가사 부담이 커지면서 처가의 개입이 늘어난다. 장모는 자연스럽게 딸의 가정을 도우려 하지만, 그 개입이 사위에게는 부담이나 간섭으로 느껴지기도 한다. 특히 딸을 향한 처가의 애착과 사위가 원하는 거리감 사이의 간극이 클 때, 갈등은 더욱 복잡한 양상으로 나타난다.

이처럼 가족 간 갈등이 얽혀 있을 때, 감정 조절과 관계 유지를 위한 '감정 노동'은 한 사람에게 집중되기 쉽다. 특히 가사와 육아, 시가·처가와의 소통, 감정 중재까지 한 사람이 떠맡는 경우가 많다. 그 역할은 종종 여성에게 기대되며, 실제로도 많은 여성이 관계의 긴장을 부드럽게 풀기 위해 자신의 감정을 억누르거나 조율하려 노력한다. 물론 남성 또한 결혼 이후 새로운 규범과 책임 속에서 불편함을 겪지만 여전히 사회는 여성에게 더 많은 인내와 관계 유지 능력을 요구하고 있는 것이 현실이다. 그로 인해 결혼 생활에서 느끼는 정서적 피로와 불만은 한쪽에서 더욱 크게 나타나는 경향이 있다.

그런데 흥미로운 점은, 같은 상황도 사람마다 전혀 다른 방식으로 반응한다는 것이다. 누군가는 시어머니의 발언을 그저 불편한 수준으로 받아들이지만, 또 다른 누군가는 깊은 분노나 억울함으로 반응한다. 같은 장면, 같은 말이라 해도 어떤 이는 무기력하게 위축되고, 어떤 이는 분노로 표출한다. 이처럼 각기 다른 정서적 반응은 단순한 성격 차이로만 설명되지 않는다. 이는 '성향'이라는, 보다 깊은 내면의 작동 방식에서 비롯된다.

갈등은 외부의 사건으로 시작되지만, 그것에 어떻게 반응하느냐는 전적으로 각자의 성향에 달려 있다. 그래서 같은 시가와의 갈등을 겪더라도 어떤 사람은 유연하게 받아들이고, 어떤 사람은 쉽게 상처받으며, 또 어떤 사람은 애써 무시하며 버티려 한다. 성향은 감정을 해석하는 방식이자, 자신을 보호하는 전략이기도 하다. 결국 관계의 피로를 줄이고 건강하게 유지하기 위해서는, 갈등을 일으키는 상황 그 자체보다 그 상황을 받아들이는 '나의 방식'을 들여다보는 일이 먼저다.

그래서 이 책은 '성향'이라는 개념을 거듭 강조한다. 상대가 어떤 방식으로 상황을 해석하고 반응하는지 이해하면, 불필요한 오해와 감정 충돌을 줄일 수 있다. 나아가 상처받지 않기 위한 방어책도 익힐 수 있다. 결국 성향을 안다는 것은 관계에서 나를 지키기 위한 실질적인 기술이다.

지금의 30~40대는 이전 세대보다 '이해'에 목말라 있는 세대다. 왜 힘든지, 왜 같은 문제가 반복되는지를 알고 싶어 한다. 단순한 감정적 위로는 부족하다. 구조를 이해하고, 납득한 뒤에야 비로소 변화로 나아간다.

그런데 바로 여기서 딜레마가 시작된다. 누구보다 상황을 이해하려 애쓰고 있음에도, 변화는 여전히 내 몫이라는 사실이 억울하게 느껴지기 때문이다. '왜 내가 이걸 배워야 하지? 상처 준 사람은 따로 있는데, 왜 마음은 내가 보살펴야 하지?'와 같은 질문은 지극히 자연스럽다. 정당한 억울함에서 나온 질문이겠지만, 안타깝게도 현실은 기대만큼 이상적이지 않다. 상처를 준 사람이 먼저 변하는 일은 드물고, 그들은 자신이 상처를 줬다는 사실조차 인식하지 못하는 경우가 많다. 결국, 나를 지킬 수 있는 사람은 나 자신뿐이다.

성향에 대한 이해는 결국 상대가 아닌 나를 위한 선택이다. 관계를 끊지 않으면서도 스스로 다치지 않도록 거리를 조절하기 위한 수단이다. 말 그대로 감정의 화살을 막아내는 '방패'이자, 그 화살을 솜방망이로 바꾸는 도구다. 이해는 나를 위한 것이다. 감정만으로는 나를 지킬 수 없다. 이성적으로도 납득해야 비로소 삶의 재설계가 가능하다.

02

시어머니와 장모의 성향을 알면 답이 보인다

대한민국 시어머니의 전형, 소금산

상담 사례 중 가장 빈도가 높은 주제는 단연 '소금산 성향의 시어머니'다. 그중 성향 조합부터 갈등 구조까지, 복합적인 문제를 안고 있는 한 사례를 소개한다. 시어머니는 소금산, 며느리는 미로, 남편은 에베레스트 성향으로, 이들은 결혼과 동시에 합가하며 새로운 가족으로서의 삶을 시작했다. 친정엄마가 없던 그녀에게 시어머니는 다정하게 말했다. "내가 너의 친정엄마가 되어줄게." 그 한마디는 오래도록 마음에 남는 위로였다. 초반에는 관계도 원만했다. 시어머니는 친절했고, 며느리는 감사함을 느꼈다. 합가에 대한 거부감도 없었다. 남편은 명문대 출신으로 과외를 하며 생계를 이어갔고, 며느리는 직장을 다니며 바깥일을 도맡았다. 이 조합은 겉보기엔 특별한 문제가 없어 보였지만, 시간이 흐르며 균열이 생겼다.

결혼 후 함께 살면서도 시어머니와 며느리 사이에 특별한 갈등 없이 평화로운 시간이 이어졌다. 하지만 결혼 11년 차가 되었을 무렵, 며느리는 극심한 심리적 압박과 소진 상태에 이르렀다. 딸 둘을 키우며 가정을 꾸려가고 있었지만, 마음속에는 이런 생각이 자리 잡고 있었다.

'이 집에서 나만 없어지면 모든 문제가 해결될 것 같다. 내가 사라지면 여긴 평안해질 거야.'

무거운 마음으로 상담실을 찾아온 그녀의 상황은 생각보다 훨씬 심각했다. 월요일부터 토요일까지 회사에서 내내 일하고, 일요일에 겨우 하루 쉬는 상황이었다. 하지만 그 일요일조차 온전히 쉴 수는 없었다. 시어머니는 "며느리를 위한 날"이라고 했지만, 실제로는 며느리를 위한 '일거리'가 준비된 날에 가까웠다. 어느 날은 김장을 하겠다며 마늘 한 포대를 내밀었고, 또 다른 날은 장아찌를 담가야 한다며 양파를 잔뜩 손질하라고 했다. 일요일은 점점 노동의 날이 되어갔고, 마치 <콩쥐팥쥐> 속 콩쥐처럼 숨 돌릴 틈도 없이 일을 해야 했다.

며느리는 아침형 인간이 아니었다. 평일에는 직장을 다니며 바쁘게 살고 있었기에, 주말 아침만큼은 늦잠을 자며 휴식을 취하고 싶어 했다. 하지만 그 바람은 번번이 시어머니의 기세에 눌려 좌절되었다. 아침이면 시어머니는 일부러 쿵쿵, 탁탁 소리를 내며 며느리를 깨웠다.

주방에서 과도하게 도마를 두드리거나, 바닥을 세게 밟으며 걷는 소리는 모두 의도적으로 눈치를 주는 방식이었다.

그렇게 며느리는 일요일 아침조차 마음 편히 잠을 잘 수 없었다. 휴일이 도리어 더 피곤해지는 구조였다. 게다가 시어머니는 끊임없이 며느리를 비난했다. 소금산 성향이 가진 대표적인 특징, '옳다', '바르다', '예의가 있다, 없다'라는 기준을 며느리에게 매일같이 들이밀었다. 이런 정서적 압박은 미로 성향의 며느리에게는 감당하기 어려운 수준이었다. 미로는 생각이 많고 감정이 섬세한 성향이다. 끊임없는 지적과 평가, 그에 따른 눈치는 그녀의 마음을 갉아먹었다. 결국 그녀는 삶 자체를 놓고 싶은 마음에까지 이르게 된다. 더 안타까운 사실은, 그녀에겐 돌아갈 친정이 없었다는 점이다. 집을 나간다 한들, 갈 수 있는 곳이 없었다. 이 집을 벗어날 수 없다는 절망감은 그녀를 더욱 무기력하게 만들었다.

맞벌이하는 두 사람 대신 전적으로 집안일을 맡고 있는 시어머니는 종종 이렇게 말했다.

"너처럼 팔자 편한 여자가 어디 있니? 너는 밖에서 일만 하고, 집안일은 내가 다 해주고 있는데 말이야."

겉으로는 아무것도 요구하지 않는 듯했지만, 실제로는 반복적으로 불만을 드러냈다. 더욱 큰 문제는 남편의 태도였다. 시어머니가 아내에게 막말을 하며 상처 주는 모습을 목격했음에도 모른 척했다. 에베레스트 성향답게, 감정적인 갈등에는 무관심했고, 상황을 외면했다.

그의 세계에서 '나와 상관없는 일'은 신경 쓰지 않는다는 원칙이 철저하게 작동하고 있었던 것이다. 그렇다 보니 부부 사이의 관계 역시 굉장히 안 좋았다. 서로 연결이 끊긴 듯한 거리감이 고스란히 느껴졌고, 아내는 외롭고 고립된 감정에 빠져 있었다.

이 갈등 해결의 실마리는 '소금산 성향'을 이해하는 데 있었다. 소금산은 예의와 형식을 무엇보다 중시하는 성향이다. 그런데 시어머니가 며느리에게 점점 냉담해진 이유는 며느리가 무언가를 잘못해서가 아니라, 오히려 지나치게 잘해냈기 때문이라는 아이러니가 있었다.

며느리는 결혼 11년 차가 되면서 직장에서 승진을 거듭했고, 사회적으로 점점 더 인정받는 위치에 올라가고 있었다. 회사에서 좋은 제품이 나오면 어김없이 시어머니를 위해 챙겨드렸고, 늘 최선을 다해 마음을 다썼다. 그런데 어느 순간부터 시어머니의 표정이 굳어가기 시작했다. 이전에는 좋아하던 선물에도 냉담한 반응을 보였고, 며느리를 대하는 태도 역시 차가워졌다.

며느리는 속상했다. 자신은 할 수 있는 한 모든 노력을 다했는데, 왜 시어머니는 자신을 이렇게 함부로 대하는 걸까. 그 상처는 생각보다 깊었다. 하지만 문제는 며느리의 태도가 아니라, 시어머니 안에서 일어난 감정의 변화였다.

시어머니는 '딸처럼 대해주겠다'고 했지만, 며느리는 결코 딸이 아니었다. 소금산 성향은 무엇이든 직접 해야만 직성이 풀리는 스타일이다. 누군가 대신해주는 것을 받아들이기 어려워하고, 타인의 성취에도 민감하게 반응한다. 여기에 더해, 아들에 대한 기대치가 아주 높았다.

아들은 아주 좋은 대학을 나왔다. 시어머니는 그 사실만으로도 자랑스러웠고, 아들이 성공적인 삶을 살기를 기대했다. 그런데 그 아들이 지금 하고 있는 일은, 집에서 과외를 하는 것이다. 실제로 수입이 얼마나 되는지는 중요하지 않았다. 어머니에게 중요한 것은 외부에 보이는 '직업의 형태'였다.

소금산 성향에서 선호하는 직업은 공무원, 교사, 대기업 직장인처럼, 누구나 이름만 들어도 알아주는 곳에서 일하는 것이다. "우리 아들 L 다녀", "우리 아들 공무원이야" 이런 말을 자연스럽게 꺼낼 수 있어야만 만족하는 구조다. 하지만 현실은 달랐다. 아들은 정규직이 아닌 프리랜서였고, 그 직업은 어머니가 자랑하기에 부족하다고 느끼는 영역이었다. 반면 며느리는 회사에서 꾸준히 경력을 쌓아가고 있었다. 시간이 지날수록 직급이 오르고, 사회적인 지위도 자연스럽게 상승했다. 이 상황을 지켜보는 시어머니의 마음은 어땠을까? 당연히 불편했다. 겉으로 드러내지는 않았지만, 그 마음속에는 복잡한 감정이 얽혀 있었다. 그 감정은 스스로도 인식하기 어려운 것이었다. 그저 이유 모를 서운함, 섭섭함, 알 수 없는 분노만이 남아 있을 뿐이었다.

이런 상황을 단번에 바꿀 수 있는 해법이 있는 것은 아니다. 남편에게 지금 당장 직장을 다니라고 할 수도 없었고, 시어머니의 내면을 변화시키는 일 또한 단기간에 해결될 수 있는 일이 아니었다. 그렇다면 현실적으로 무엇을 바꿀 수 있을까? 부부 사이에서 반복되는 갈등의 한 지점, 즉 경제적인 결정 방식부터 조율해보는 것이 현실적인 첫걸음이었다.

남편은 주식에 관심이 많았다. 하지만 아내는 미로 성향답게 '안정'을 중시하는 사람이었다. 경제관념에서도 두 사람은 완전히 달랐다. 남편은 "이번엔 정말 대박이야, 꼭 사야 해!"라며 투자를 시도하려 했고, 아내는 "절대 안 돼. 주식은 위험해. 절대 하지 마."라며 단호하게 막았다. 아내의 반대로 주식을 사지 못한 남편은, 나중에 그 종목이 크게 오르는 걸 보며 속이 상했다. 이러한 갈등을 줄이기 위한 방법으로, 현실적인 조율이 필요했다. 이를테면, 여유 자금이 100만 원이라면 그중 일부는 아내가 안심할 수 있도록 따로 떼어두고, 나머지 금액 중 일정 부분을 남편이 자율적으로 사용할 수 있도록 맡기는 방식이다. 예컨대 30만 원은 남편이 원하는 대로 투자해볼 수 있게 하되, 70만 원은 안전하게 관리하는 식이다. 이렇게 각자의 우선가치를 존중하면서도 일정한 선을 정해두면, 불필요한 충돌 없이 서로의 감정과 필요를 조율할 수 있다.

중요한 것은 그 돈을 '허용'의 메시지로 주는 것이다. 남편이 외부에서 함부로 돈을 쓰거나, 다른 사람에게 빌려줄 사람이 아니라는 걸 알고 있다면, 오히려 신뢰를 보여주는 것이 관계 개선에 도움이 된다. 그러자 놀라운 변화가 일어났다. 남편은 처음으로 아내가 자신에게 관심을 가지고 있다고 느꼈고, 그날 이후 이전보다 더 다정해졌다. 부부 사이의 감정의 벽이 조금씩 허물어지기 시작한 것이다.

그렇다면 시어머니에게는 어떤 접근이 필요했을까? 이 집에는 딸이 둘 있었다. 소금산 성향의 시어머니는 '예의'와 '인사'를 매우 중요하게 생각하는 사람이다. 남편의 직업 문제로 어머니에게 큰 상처를 준 상황에서, 며느리가 직접 나서서 어머니의 마음을 다독이기는 어려운 상태였다. 그래서 내가 제안한 것은, 두 딸에게 아침저녁으로 정중한 인사를 드리게 하는 것이었다. 할머니를 향해 배꼽 인사를 하며 "안녕히 주무세요", "안녕히 주무셨어요"라고 인사하게 하고, 식사 때도 "할머니, 맛있게 먹겠습니다", "잘 먹었습니다"라는 말을 꼭 하도록 가르쳤다.

이런 기본적인 예의는 어른들에게 깊은 감동을 준다. 이 집에서는 그런 인사를 가르친 적이 거의 없었고, 아이들도 평소에 그렇게 행동할 기회가 없었다. 다행히도 아이들은 9살, 7살로 사회적 규범을 배우기에 가장 적절한 때였다. 만약 아이들이 사춘기였다면 이런 방식은 되레 역효과가 날 수도 있었을 것이다. 이렇게 아이들이 할머니에게 꾸준히 인사를 하자, 시어머니의 표정이 달라지기 시작했다. 물론 며느리에 대한 감정이 하루아침에 완전히 사라지는 것은 아니다. 상처는 여전히 남아 있지만, 그 상처 위로 다른 기쁨이 쌓이면 감정의 응어리가 조금씩 풀어질 수 있다.

중요한 것은 '기쁨의 경험'을 만들어주는 것이다. 며느리의 승진이나 사회적 성공이 어머니에게 상대적 박탈감으로 다가오지 않도록,

다른 방식의 정서적 보상을 제공해야 한다. 며느리 입장에서는 시어머니에게 직접 "안녕히 주무셨어요"라고 말하는 것이 어색하고 어렵지만, 아이들을 통해 그 빈자리를 채워줄 수 있다.

그 결과, 집안 분위기가 바뀌기 시작했다. 남편은 자신이 하고 싶던 주식 투자를 어느 정도 허용받으며, 아내에 대한 신뢰와 존중의 마음이 커졌다. 아내가 자신을 인정해주고 있다고 느끼면서 관계의 균형이 맞춰졌다. 시어머니는 여전히 며느리의 사회적 성공이 못마땅했지만, 아이들의 밝고 예의 바른 모습에서 또 다른 기쁨을 느꼈다. "내가 아이들을 참 잘 키웠구나" 하는 자부심이 생기고, 아이들을 향한 애정이 더욱 깊어졌다. 이 변화는 곧 며느리에 대한 공격성을 완화시키는 효과로 이어졌다. 지금 이 가족은 어떻게 살고 있을까? 서로에 대한 이해와 조율을 통해, 이전보다 훨씬 안정적이고 평화로운 관계를 유지하고 있다.

이 사례의 메시지는 단순하다. 갈등을 완전히 없앨 순 없다. 하지만 그 갈등을 어떻게 다루고, 어떤 방식으로 해결해나가느냐에 따라 삶의 질은 달라진다. 이번 사례는 '같이 사는 시어머니'와의 문제였기 때문에 이와 같은 솔루션이 가능했다. 하지만 함께 살고 있지 않더라도, 간섭이 지속되는 시어머니가 있다면 또 다른 방식의 접근이 필요하다.

소금산 성향의 시어머니는 몇 가지 뚜렷한 특징이 있다. 그중 하나는, 자신도 예의를 지키려 하고, 타인에게도 예의를 지켜주기를 바란다는 점이다. 이 점은 장점이자, 동시에 갈등의 원인이 되기도 한다. 문제는 상대가 예의를 갖추지 않은 상태에서, 나만 일방적으로 예의를 지켜야 하는 상황이 반복될 때다. 이럴 때는 상호적인 존중이 필요하다. 다행히 소금산 성향의 어머니들은 어른스러운 면모를 가지고 있기 때문에, 우리가 먼저 존중의 태도를 보이면 그 마음을 받아들이는 경우가 많다.

특히 소금산 어머니에게 가장 효과적인 접근은 '질문하는 것'이다. 예를 들어, "어머니, 된장국 끓이는 거 어머니 말씀대로 해봤는데 뭔가 맛이 잘 안 나네요. 어머니는 어떻게 끓이세요? 팁 좀 알려주세요"라고 물어보는 것이다. "어머니는 뭘 넣으시길래 그렇게 맛있어요?"라는 질문 하나만으로도, 어머니는 자신의 삶과 경험이 인정받고 있다고 느끼게 된다.

이렇게 어머니의 삶을 존중하는 언어를 사용하면, 간섭이 자연스럽게 줄어든다. 나아가, 나 자신이 더 행복해질 수 있는 힘도 생긴다. 사실 간섭이라는 것은 '궁금함'에서 비롯된다. "얘네 둘이 잘 살고 있는 걸까?"라는 불안에서 시작되는 경우가 많다. 그러니 그 궁금함을 먼저 해소해주면, 간섭의 필요성도 줄어든다.

여기서 한 가지 분명히 짚고 넘어가야 할 점이 있다. 우리는 평생 시어머니를 기쁘게 하기 위해 살 필요는 없다. 중요한 것은 그저 신뢰를 쌓는 데 시간을 들이는 것이다. 하지만 많은 사람이 이 신뢰라는 개념을 잊고, 갈등을 피하거나 애써 외면한다. 그러나 신뢰야말로 관계를 안정시키는 가장 강력한 기반이다. 물론 이런 노력은 쉽지 않다. 오랜 시간 갈등과 긴장 속에서 살아오면, 나도 지치고 상대도 지친다. 마음속에는 분노와 원망만이 남게 된다. 그래서 더욱 필요한 것이 '건강한 언어'를 사용하는 일이다. 단 1년만이라도 그렇게 실천해보면, 분명한 변화를 경험할 수 있다.

여기서 말하는 '존중의 언어'는 시어머니를 위한 것이 아니다. 그것은 곧 나 자신을 위한 언어다. 많은 사람이 '그렇게까지 해주면 내가 진 것 같고, 억울하다'고 느끼지만, 사실은 그렇지 않다. 내가 먼저 조율할 수 있는 힘을 갖게 되고, 내 삶을 주도적으로 선택하게 되는 것이다. 결국 우리가 취하는 모든 행동은 '상대방을 위해서'가 아니라, '나 자신의 행복을 위해서'여야 한다. 이 점을 꼭 기억하길 바란다.

불 같은 성격의 활화산 시아버지를 대하는 기술

활화산 성향의 시어머니는 갈등을 유발하는 경우가 드물다. 명령하거나 화를 내는 일이 있더라도 기본적으로 자기 인생을 사는 데 집중하기 때문에 며느리에게 간섭하거나 개입하는 일이 적다. 문제는 활화산 성향을 가진 시아버지에서 더 자주 발생한다. 활화산 성향의 시아버지는 대체로 가부장적이며, 연세가 들수록 외부와의 교류가 줄어드는 반면 가족에 대한 기대는 커진다. 밖에서 친구들과 어울릴 기회가 줄어들면서, 아들 부부가 자주 자신을 찾아와야 한다고 생각한다.

결국 이 기대가 며느리에게 향하면서 '왜 자주 오지 않느냐', '이번 주에는 왜 안 오느냐', '너희는 왜 장인, 장모 쪽만 챙기느냐'는 식의 불만이 터져 나오게 된다.

활화산은 기본적으로 지시하고 통제하는 데 익숙하며, 자신의 뜻에 따르지 않으면 즉각적으로 분노를 표출하는 경향이 있다. 여기에 '어른'이라는 사회적 권위까지 더해지면 그 존재감은 더욱 강력해진다. 시월드 구조 안에서 며느리의 위치가 상대적으로 낮게 인식되는 현실을 고려하면, 이 조합은 갈등이 발생하기 쉬운 환경이다.

특히 갈등이 격화되는 경우는 며느리 역시 활화산 성향일 때다. 양쪽 모두 '주도권'을 쥐고자 하는 기질을 지니고 있기 때문에, "왜 그렇게 명령조로 말씀하세요?", "왜 자꾸 오라고 하세요?"와 같은 반응이 빠르게 터져 나온다. 지지 않으려는 태도가 맞붙는 순간, 갈등은 감정의 폭발로 이어지고, 사소한 마찰도 쉽게 걷잡을 수 없는 충돌로 번지게 된다.

문제는 시아버지가 활화산일 때, 시어머니의 존재가 도움이 되지 않는 경우가 많다는 점이다. 보통 이런 조합에서는 시어머니가 성격이 센 남편 밑에서 위축된 채 살아온 경우가 많다. 남편의 언행에 눌려 분쟁을 회피하며 살아온 시어머니는, 며느리가 힘들어해도 적극적으로 나서주지 않는다. 결국 며느리는 가족 내에서 외롭게 고립될 수밖에 없는 구조에 놓이게 된다.

건강한 가족관계란 부부 중심으로 이뤄지는 게 이상적이지만, 활화산 성향의 시부모는 부부 중심의 삶을 꾸릴 가능성이 거의 없다. 시아버지는 시어머니를 명령하듯 다루고, 시어머니는 그 분노를 감내하며 살아왔을 확률이 높다.

이런 집안에 활화산 성향의 며느리가 들어왔다면 상황은 더욱 복잡해진다. 처음부터 노골적인 갈등이 일어나진 않더라도, 결국 명령이 반복되고 지시가 내려지는 순간, 며느리는 그 구조에 순응하지 않으려 할 것이다. 문제는 바로 그때부터 시작된다.

활화산 성향의 시부모와 며느리가 부딪히는 근본적인 이유는 '예의'에 대한 기준이 전혀 다르다는 데 있다. 겉으로는 서로 예의를 중요하게 여긴다고 말하지만, 그 예의의 범주와 방향이 일치하지 않는다. 특히 활화산 시아버지의 경우, 예의란 곧 '어른의 말에 순종하는 것'이라는 가부장적 가치와 맞닿아 있다. 그는 부모라는 이유로 며느리가 자신의 말을 따르고, 자신을 공경해야 한다고 믿는다. "나는 어른이다, 너는 자식이나 다름 없으니 따라야 한다"는 사고가 확고히 자리 잡고 있다. 활화산 며느리는 위계적인 질서 안에 순응하는 것을 거부한다. "시아버지면 다야? 나한테 왜 명령을 해?"라는 반응은 이 갈등의 단면이다. 명령이 반복될수록, 며느리 쪽에서는 '내가 이기지 않으면 끝나지 않겠구나'라는 강한 반발심이 생긴다.

이처럼 감정이 격화되기 쉬운 관계일수록, 언어가 중요한 갈등 조절 도구가 된다. 특히 전략적인 표현은 긴장을 완화시키는 열쇠가 된다. 무엇보다 이들이 좋아하는 말은 '덕분에'다. "아버님 덕분에 저희 잘 살고 있어요", "아버님 덕분에 이렇게 맛있게 먹었어요", "아버님 덕분에 남편을 잘 만났어요" 같은 말은 실제로 어떤 실질적인 도움을 받았기 때문이 아니라, 기분을 풀리게 하거나 긴장을 완화하는 데 효과적이다. 활화산 시아버지는 자신이 인정받는다고 느낄 때 비로소 며느리를 보호해야 할 존재로 본다. 그리고 그 보호심리가 작동하면, 강한 언행도 누그러진다. 말 한마디가 문제를 더 키울 수도, 완전히 풀 수도 있다는 점을 기억해야 한다.

활화산 성향의 시아버지를 대할 때 가장 중요한 것은 '처음부터 거리 조절'이다. 한 번씩 만나게 될 때에는 적절한 표현으로 마음을 달래는 것이 효과적이다. 예를 들면, "아버님 덕분에 너무 맛있게 먹었어요"라고 감사의 말을 전하는 식이다. 하지만 이런 만남이 자주 반복되면 며느리 입장에서는 점점 부담이 커지고, 결국 회피하고 싶어진다.

이런 감정이 커지기 전에, 즉 갈등이 증폭되기 전에 미리 조절해 들어가야 한다. 예를 들어 아버님이 "이번 주에 오너라"고 했을 때는 이렇게 말할 수 있다. "아버님, 어떡하죠. 정말 죄송한데 이번 주는 제가 일이 좀 있어요. 시간 될 때 연락드리고 꼭 갈게요." 중요한 것은 그 이후 며느리 쪽에서 능동적으로 방문 날짜를 정해 연락드리는 것이다. 그렇게 해야 이들이 "아, 며느리가 무시하는 게 아니라 자기 상황에 맞춰 조절하는구나"라고 인식할 수 있다.

처음부터 이 조절이 잘 되지는 않는다. 아버님은 당연히 화를 낼 수 있다. "내가 오라 했는데 왜 안 오느냐"고 목소리를 높일 수도 있다. 그러나 이럴 때일수록 무작정 참거나 관계를 단절할 필요는 없다. 다만 '내가 할 수 있을 때 한다'는 원칙을 가지고 차분히 연습하고 습관을 들이는 것이다. 갑작스러운 변화는 오히려 역효과를 가져올 수 있다. "쟤네 왜 저래?"라는 반응이 나올 수 있기 때문이다. 그래서 조금씩, 단계적으로 경계를 설정하는 과정이 필요하다.

또 시댁에 갔을 때 시아버지가 "니들 온다길래 내가 뭘 좀 사놨어"라고 생색을 낼 수 있다. 그런 말에는 "아버님 덕분에 저희가 이렇게 맛있는 걸 먹네요"라고 감사의 말을 전하는 것이 좋다. 이들이 생색을 좋아하는 만큼, 그 기대에 맞춰주는 언어적 표현은 감정적인 마찰을 줄이는 데 효과적이다.

활화산 성향은 장형이기 때문에 '건강'과 관련된 것에 민감하다. 그래서 선물 하나를 준비할 때도 단순히 현금을 드리는 것보다, "아버님 오래오래 건강하게 사세요"라는 메시지를 담아 몸에 좋은 선물을 함께 드리는 편이 훨씬 효과적이다. 진심 여부와 상관없이, 그런 다정한 말을 건네는 것만으로도 상대는 마음이 편안해지고 관계도 한결 부드러워진다.

심리를 배우는 이유는 단순히 상대에게 맞추거나 무조건 인정하기 위해서가 아니다. 진짜 목적은 내 삶의 환경을 더 건강하고 안정적으로 만드는 데 있다. 그래야 지치지 않고, 편안하게 일상을 살아갈 수 있다. 심리 공부는 바로 그런 환경을 설계하고 조율하는 과정이다.

억지로 참거나 맞출 필요는 없다. 하지만 스스로 조율하기로 마음먹었다면, 작은 실천의 반복이 삶의 흐름을 바꾸는 시작이 된다. 조금씩, 그러나 꾸준하게. 그러한 습관이 자리를 잡아갈수록, 가정은 이전보다 더 건강하고 평화로운 방향으로 나아가게 된다.

'올가미' 같은 호수 성향의 시어머니를 대하는 방법

이번 장에서는 호수 성향의 시어머니와의 갈등 양상에 대해 살펴본다. 호수 유형의 시어머니는 그 특성상 며느리와의 관계가 결코 간단하지 않다. 시어머니들이 살아온 시대적 배경을 고려하면 그 성향이 어떤 식으로 갈등을 유발하는지를 이해하기가 더 수월해진다.

과거에는 대체로 남편과의 관계가 정서적으로 깊거나 만족스러웠던 경우가 드물다. 당시 사회는 생계를 유지하는 것이 삶의 중심 과제였고, 아버지 세대는 감정보다는 의무와 책임 중심의 장형 성향을 띠는 경우가 많았다. '사랑을 표현하는 것'보다는 '벌어다 주는 것'이 더 중요한 시대였다. 그런 구조 속에서, 섬세하고 감정에 민감한 호수 성향의 여성들은 남편과 정서적 유대를 쌓기 어려웠고, 그로 인해 많은 감정적 허기를 안고 살아왔다.

이런 환경에서 살아온 호수 성향의 여성이 아들을 낳았을 경우, 그 감정은 자연스럽게 아들에게 향하게 된다. 남편에게서 채워지지 못한 감정의 공백을 아들을 통해 메우고자 하는 경향이 강해지는 것이다. 아이들은 대체로 따뜻하고 친절한 엄마를 거부할 이유가 없기에, 어머니와 아들 사이의 유대는 자연스럽게 밀착된다. 문제는 이 애착이 일정 수준을 넘어서면서 '집착'에 가까운 형태로 변질될 수 있다는 점이다.

호수 성향의 시어머니는 내 아들이 전부인 사람이다. '내 아들의 사랑', '내 아들과의 일상', '내 아들과의 연결감'이 모든 것의 중심이 된다. 그런데 그 아들의 삶에 며느리가 들어서는 순간, 그녀는 강한 위협을 느낀다. 아들을 '빼앗긴' 듯한 감정은 단순한 서운함을 넘어서, 강한 분노나 경쟁심으로 표출되기도 한다.

이러한 이유로, 호수 성향의 시어머니는 특정 며느리 성향과만 갈등을 일으키는 것이 아니라, 거의 모든 며느리와 갈등을 겪을 가능성이 크다. 물론 예외는 있다. 남편과의 관계가 정서적으로 매우 건강하고 안정된 경우에는 며느리에 대한 관심 자체가 줄어들 수 있다. 그러나 그런 부부 관계는 드물기 때문에, 대부분의 경우 호수 시어머니는 며느리와 복잡한 감정적 갈등을 겪게 된다.

시어머니뿐 아니라 며느리 역시 호수 성향을 가지고 있다면, 그녀 역시 남편과의 정서적 친밀감이 삶의 안정성과 행복에 직결된다고 느끼는 사람이다. 서로의 감정 중심에 '남편'이라는 존재가 놓이게 되면서, 시어머니와 며느리는 자연스럽게 감정적 삼각구도에 빠져들게 된다. 남편은 어느 한 편에 명확히 서지 못하고, 어머니와 아내 사이에서 감정적으로 줄타기를 하게 된다. 그는 때로는 아내의 편을 들고, 때로는 어머니의 편을 들며 양쪽을 오간다.

이런 상황에서 며느리는 고립감을 느끼기 쉽다. '남편이 내 편이 아니다', '어머니와 나는 남편을 사이에 둔 경쟁 관계다'라는 감정이 점점 커진다. 며느리는 자신이 남편에게서 기대하는 애정이 시어머니에 의해 침해당한다고 느낄 수 있다. 남편에 대한 애정을 누군가와 나눠야 한다는 사실은 큰 감정적 저항을 불러일으킨다.

물론 이 문제는 단순히 며느리의 성향만으로 설명될 수 있는 일이 아니다. 사실상 모든 성향의 며느리들이 호수 성향의 시어머니와 갈등을 겪을 가능성이 있다. 그 이유는 명확하다. 호수 시어머니에게 있어 남편과의 관계, 곧 시아버지와의 정서적 애착은 삶의 핵심 요소 중 하나다. 그러나 그 사랑이 충족되지 못했을 때, 감정은 전적으로 아들에게 향하게 된다. 아들은 어머니에게 있어 감정적 대리자가 되고, 이때 며느리는 그 연결을 가로막는 장애물로 여겨지기 시작한다.

이런 상황에서는 성향에 상관없이 갈등이 폭발할 수밖에 없다. 소금산처럼 책임감 강한 며느리도, 활화산처럼 감정 표현이 자유로운 며느리도, 이런 감정적 삼각 구도 속에서는 시어머니의 지나친 집착을 감당하기 어렵다. 특히 호수 성향이 심화된 시어머니일수록 아들에게서 애정을 얻고자 하는 욕구는 강해지고, 며느리를 '자신의 아들을 빼앗아간 존재'로 여기게 된다.

이런 시어머니는 흔히 '올가미 시어머니'라고 불린다. 아들에게 "그 여자는 너에게 어울리지 않아", "그 사람을 선택하면 엄마는 상처받을 거야"라고 말하거나, "결혼했다고 원 가족은 모두 저버리고 네 부인만 생각할 수 있느냐"며 감정적 압박을 가한다. 겉으로는 아들을 위한 말처럼 들리지만, 실상은 자신의 감정만을 앞세운 일방적인 요구에 불과하다.

이 과정에서 시어머니는 아들에게 죄책감을 심어주고, 가족을 저버리는 '나쁜 사람'으로 몰아간다. 그러나 부모와 배우자는 서로 다른 정서의 영역이며, 누구를 선택할 문제도 아니다. 그럼에도 불구하고 이런 시어머니는 며느리를 철저히 악역으로 만들고, 갈등의 모든 책임을 며느리에게 전가한다.

문제의 핵심은 시어머니가 자신의 감정을 절대화하고 있다는 데 있다. 자신이 며느리에게 어떤 상처를 주었는지는 중요하지 않다. 오직 '내가 받은 상처'만이 문제이며, 며느리의 반응은 모두 잘못된 것으로 여겨진다. 이 불균형한 감정의 틀 속에서 며느리는 늘 '반응하는 쪽', '항변할 수 없는 존재'로 남게 된다.

이런 유형의 시어머니는 사실상 어떤 여성을 며느리로 맞이하더라도 결국 갈등을 피할 수 없다. 시어머니의 감정은 특정 인물에게 향한 것이 아니라, 관계 그 자체에 대한 집착과 갈망에서 비롯된 것이기 때문이다. 아들에게 쏟아진 과도한 애정과 감정의 집중은 며느리가 누구든 간에 경쟁 구도를 형성하게 만든다. 이는 시어머니가 살아 있는 한, 아들이 연애나 결혼을 할 때마다 반복되는 갈등의 구조로 자리 잡는다.

이런 시어머니는 대개 배우자와의 관계가 오랜 시간 단절되어 있거나, 정서적으로 깊은 실망을 안고 살아온 경우가 많다. 그 감정의 공백은 자녀, 특히 아들에게로 집중되며, 때로는 여러 자녀 중에서도 장남에게 유독 애정을 쏟는 양상이 나타난다. 실제 상담 사례에서도 서른이 넘은 아들에게 여전히 밥을 챙겨주고, 입는 옷까지 간섭하며, 마치 어린 시절처럼 돌보려 드는 경우가 목격된다.

이러한 상황은 아들과 배우자 사이에 심각한 감정적 삼각관계를 만들어낸다. 며느리는 끊임없이 시어머니와 감정적 경쟁을 벌이는 느낌에 시달리고, 남편은 두 여성 사이에서 균형을 잡지 못한 채 갈등에 휘말리게 된다.

이러한 '올가미 시어머니' 유형을 어떻게 다루어야 할까? 결코 쉬운 문제는 아니지만, 해결책이 없는 것도 아니다. 중요한 것은, 항상 그렇듯 '언어'다. 말의 방식, 말의 온도, 그리고 말의 시점이 이 관계에서 가장 강력한 조율 수단이 된다. 다만 이런 말들은 결코 감정적으로 편한 말들이 아니다. 오히려 말하기도 싫고, 억울한 느낌마저 드는 말들이다. 그러나 관계를 건강하게 회복하기 위해서는 그 불편한 언어를 기꺼이 사용할 줄 아는 용기가 필요하다.

호수 성향의 시어머니가 며느리에게 적대적인 감정을 드러낼 때, 그 근원은 대부분 질투에 있다. 아들과 잘 지내는 며느리가 얄밉고, 자신은 갖지 못했던 사랑을 며느리가 누리고 있다는 사실이 견디기 힘든 것이다. 이때 아들이 아버지를 통해 어머니의 감정을 남편에게로 전환시킬 수 있다. 예를 들어 아들이 아버지를 찾아가 꽃이나 작은 선물과 함께 "어머니는 아버지의 사랑을 원하시는 것 같아요. 이 꽃은 오늘 그냥 지나가다 예뻐서 샀습니다. 어머니께 드려보세요"라고 전하면, 시어머니의 감정이 아들에게서 남편에게로 옮겨지는 데 도움이 될 수 있다. 이 말을 들은 아버지는 대부분 아내의 상태를 알고 있다. 오랜 세월 함께 살아온 배우자의 정서를 모를 리 없다. 다만 '표현'이 없을 뿐이다. 이때 아들이 다리를 놓아주면, 아버지도 자극을 받고 다시 관심을 갖게 되는 경우가 많다. 그렇게 시어머니의 감정은 점차 아들에게서 남편으로 옮겨가고, 며느리와의 감정적 긴장도 서서히 완화될 수 있다.

시아버지가 없는 경우에는 며느리의 역할이 더 커진다. 남편은 어머니와 정서적 연결감을 유지하고, 며느리는 시어머니에게 "우리 남편은 늘 어머니 걱정을 해요"라는 말을 건넬 수 있다. 이는 '하얀 거짓말'이지만 시어머니에게 정서적 안정감을 줄 수 있는 효과적인 언어다.

호수 성향의 시어머니는 늙어가는 것과 소외되는 것에 대한 불안을 크게 느낀다. 따라서 '젊음', '건강', '특별함' 같은 표현에 민감하게 반응한다. 선물을 드릴 때도 "어머니를 생각하며 특별히 골랐어요"라고 말하거나, 브로치를 드리며 "이거 어머니께 정말 잘 어울릴 것 같았어요"라는 말들을 덧붙이면 '나는 여전히 사랑받고 있다'는 믿음을 심어준다. 이 감정이야말로 갈등을 줄이고 관계를 부드럽게 만드는 핵심이다.

무엇보다 중요한 것은, 이 모든 과정이 상대방을 위한 것이 아니라,

내 자신을 위한 감정적 분리를 위해서라는 점을 반드시 인지해야 한다. 관계 속에서 건강함을 유지하려면, 나 자신을 따로 세우는 힘이 필요하다. 이 분리를 통해서만 우리는 진짜 행복을 만들어갈 수 있다. 물론 처음에는 쉽지 않다. 마치 숙제를 하듯 억지로 느껴질 수도 있고, 감정적으로도 불편함이 크다. 그러나 이 불편함이 익숙해지기 시작할 때, 조금씩 관계의 구조가 달라진다. 결국 그것이 건강한 가정의 기반이 된다.

일하지 않는 며느리가 못마땅한 사막 시어머니

사막 유형은 상대적으로 갈등의 강도가 약한 편이다. 사막 성향의 시어머니는 대체로 두 가지 방향으로 나뉜다. 첫 번째는 자녀를 다 키워냈다는 책임감과 독립성을 기반으로 더 이상 간섭하지 않는 유형이다. "내가 할 만큼 했으니 이제 너희는 너희 방식대로 살아라"라는 태도를 보이며, 아들 부부의 삶에 크게 개입하지 않는다. 이 경우, 며느리 입장에서는 오히려 편안함을 느낄 수도 있다.

그러나 두 번째 유형은 조금 다르다. 재산이 많거나 경제적 여유가 있는 경우다. 이때 사막 성향의 시어머니는 '일하지 않는 며느리'를 받아들이지 못한다. 자신이 젊은 시절 아이를 낳고 집안일도 하면서 동시에 사회생활까지 했다는 자부심이 강한 경우, 집에서 아이를 돌보는 며느리를 답답하게 여기기도 한다.

사막 성향은 '일'이라는 개념을 '가시적인 수익 활동'으로만 인식하는 경향이 있다. 아이를 돌보고 가사를 책임지는 일은 충분히 고된 노동임에도 불구하고, 그것을 진정한 '일'로 인정하지 않는다. 더 나아가, 자신조차도 그 시절의 육아와 가사노동을 대단한 일로 여기지 않았던 경우가 많다.

이런 관점에서 보면, 사막 성향 시어머니의 기본적인 태도는 '일하지 않는 자, 먹지도 말라'에 가깝다. 나이가 들어서도 끊임없이 움직이며 자신의 일을 해내는 사람들을 존중하고, 자신도 그렇게 살아가는 경우가 많다. 그만큼 며느리에게 별다른 관심을 보이지 않을 수도 있다. 하지만 문제는, 그런 무심함이 며느리에게는 또 다른 형태의 섭섭함으로 다가올 수 있다는 점이다.

또한, 시어머니가 전업주부인 며느리에게 "언제쯤 일할 생각이냐"고 묻는 순간, 며느리는 그 말을 "우리 아들 혼자 고생시키지 말고 맞벌이를 하라"는 지시로 받아들인다. 물론 시어머니의 본래 의도가 무엇이든, 며느리 입장에서는 그 말이 충분히 압박으로 느껴질 수 있다. 이렇게 의도와 해석 사이의 간극이 쌓이면, 사막 성향의 시어머니와도 깊은 정서적 거리감이 형성될 수 있다.

사막 성향의 시어머니는 대개 연세가 들어서도 여전히 현장에서 일하거나, 부지런하게 자신의 삶을 관리하고 있는 경우가 많다. 따라서 사막 시어머니와의 갈등은 특정한 성향의 며느리들과 더 자주 발생한다. 가장 부딪히기 쉬운 성향은 호수, 지중해, 활화산 유형이다. 소금산처럼 계획적이고 부지런한 성향의 며느리는 오히려 갈등 없이 잘 지내는 경우가 많다.

　호수 성향의 며느리는 다재다능한 능력을 갖추고 있음에도, 여러 일을 동시에 수행하는 데에 부담을 크게 느끼는 경향이 있다. 특히 아이를 출산하고 나면 체력적으로도, 정신적으로도 자주 한계를 경험한다. 이 시기에 다양한 역할을 요구받으면 쉽게 지치고, 무기력해질 수 있다. 반면 사막 시어머니는 일에 능하고, 무엇이든 스스로 해내는 성향을 지녔다. 이런 시어머니는 "이것도 하고 저것도 하라"고 쉽게 말하며, 자연스럽게 며느리에게 압박을 가하게 된다.

　지중해 성향의 며느리는 편안함과 여유로움을 중시한다. 빠르게 움직이기보다는 상황을 천천히 받아들이고 감정적으로 안정된 상태를 유지하고자 한다. 그러나 사막 시어머니는 성격상 '일'에 있어서 만큼은 성급하고 실용적인 태도를 가지는 경우가 많다. 이러한 시어머니에게 느긋하고 여유로운 며느리는 답답하게 느껴질 수밖에 없다. "왜 이렇게 느리니?", "좀 빠릿빠릿하게 행동하면 안 되겠니?"와 같은 말이 자주 등장하며, 결국 갈등으로 이어진다.

　이러한 갈등은 단지 '느림과 빠름'의 문제가 아니다. 성향이 다른 것이다. 그러나 '다르다'는 설명이 시어머니에게 쉽게 이해되지 않는 경우가 많다. 며느리가 "저는 성향이 달라요. 틀린 게 아니에요"라고 말하더라도, 사막 시어머니는 그것을 감정적으로 받아들이기 어렵다. 결국, 이러한 차이는 일상 속에서 끊임없이 마찰을 유발하게 된다.

활화산 성향은 감정의 에너지가 크고, 즉각적 반응이 많은 편이다. 시어머니가 "왜 일을 안 하느냐"고 다그치는 순간, 며느리는 "그게 어머니와 무슨 상관이냐"고 되받아치기 쉽다. 이런 상황은 사막 성향의 시어머니와 활화산 성향의 며느리 사이에서 충돌이 불가피한 이유다.

활화산은 종종 "내가 아이까지 낳았는데 일까지 하라고? 그건 당신들 몫이지 왜 내가 해야 하느냐"며 남편에게 분노를 표출하기도 한다. 이런 태도는 사막 성향의 시어머니에게는 무책임하고 이기적인 태도로 비춰지기 쉽다.

물론 이 설명은 비교적 건강한 상태의 시어머니를 전제로 한다. 만약 사막 시어머니가 건강하지 않은 상태라면 상황은 더 복잡해진다. 재산이 많을 경우 그 재산을 수단으로 권력을 행사하려는 경향도 나타난다. "내가 이렇게 많은 걸 갖고 있으니, 너희가 나에게 잘해야 한다"는 태도가 암묵적으로 흐르는 것이다. 이는 사막뿐만 아니라, 경제적 자원을 가진 많은 시어머니에게서 공통적으로 나타나는 경향이다.

이런 시어머니와 관계를 맺고 살아야 할 때, 며느리의 입장에서 가장 중요한 전략은 '시어머니를 건강하게 만들어주는 방식의 언어'를 구사하는 것이다. 물론 이러한 노력이 처음에는 매우 불편하고 억울하게 느껴질 수 있다. 그러나 불편함을 일정 기간 견디고, 익숙하게 만들 수 있다면 그 관계에는 분명 변화가 생긴다.

사막 성향의 시어머니는 일 중심의 사고방식을 지닌다. 따라서 지금까지 쌓아온 성취나 삶의 결과물을 진심으로 인정하고 존중하는 말은 매우 강력한 효과를 낸다. "어머니처럼 저는 그렇게는 못할 것 같아요. 정말 대단하세요." 이런 한마디만으로도, 시어머니는 자신의 노력이 존중받았다고 느끼고 갈등에서 한 발 물러선다.

이런 태도는 굴복이나 패배를 의미하지 않는다. 오히려 시어머니의 심리를 이해하고 관계의 주도권을 쥐기 위한 전략적인 접근이다. 많은 며느리들이 "내가 왜 시어머니를 인정해야 하나", "그분을 위해 살고 있는 게 아닌데"라고 생각하지만, 관계는 이기고 지는 싸움이 아니다. 결국 중요한 것은 실질적인 결과다.

진짜 '이기는 관계'는 감정적인 반응이 아니라 전략적 사고와 행동 기준에서 비롯된다. 그 기준은 '내가 어떤 삶을 원하는가'에서 시작되어야 한다. 진정한 승리는 말로 상대를 제압하는 데 있지 않다. 내가 원하는 삶을 지키기 위해 경계를 명확히 설정하고, 그 안에서 단호하게 행동하는 것이 핵심이다.

'말은 부드럽게, 행동은 단호하게.' 이 원칙은 단순한 대화 기술이 아니라 관계를 지키는 전략이다. 누구나 듣고 싶어 하는 말이 다르고, 그 말이 주는 감정의 울림도 다르다. 시어머니가 원하는 감정의 언어를 파악하고 적절히 수용하는 것은 '맞춰주는 것'이 아니라, 관계를 안정적으로 유지하면서도 내가 주도권을 잃지 않는 지혜로운 방법이다.

많은 이들이 누군가를 인정하면 그 사람이 더 권위를 내세울 것이라 생각하지만, 실제로는 그렇지 않다. 사람의 마음은 생각보다 단순하고 따뜻하다. 진심 어린 인정을 받을 때, 누구나 더 잘해주고 싶은 마음이 생기고, 보답하고 싶은 감정이 따라온다. 특히 사막 성향의 사람은 자신이 해온 일에 대해 진심으로 인정받았을 때 가장 큰 만족을 느낀다. 일이란 영역이 곧 자존감과 정체성의 핵심이기 때문이다. 이 점을 이해하고 대화에 활용한다면, 시어머니와의 관계는 훨씬 부드럽고 수월해질 수 있다.

무엇이든 함께하고 싶은 지중해 시어머니

지중해 성향은 기본적으로 사람들과 어울리기를 좋아하고, 함께하는 것을 중요하게 여긴다. 이 성향은 특히 자신과 다른 기질을 지닌 사람과 관계를 맺을 때 갈등이 생기기 쉽다. 지중해 성향의 시어머니는 여럿이 함께 있는 자리를 즐기며, 밥을 먹고 이야기 나누고 일상적인 활동도 함께하려는 경향이 강하다. 아들 부부와도 그런 관계를 바란다. 하지만 이 바람이 실현되지 않을 때, 갈등이 시작된다.

지중해 시어머니와 소금산 며느리의 조합에서는 서로 다른 성향이 부딪히며 긴장감이 생긴다. 소금산은 예의, 규칙, 정돈된 삶을 중시하며, 깔끔하고 체계적인 생활을 선호한다. 정리되지 않은 상태에서 갑작스럽게 제안되는 활동은 소금산에게 스트레스를 유발한다. 반면 지중해 시어머니는 '같이 하자'는 말을 통해 함께 시간을 보내고자 하지만, 소금산 며느리는 이 제안이 자신의 질서를 침범하는 것으로 느낄 수 있다.

소금산 성향의 사람은 계획을 중시하고, 예고 없이 변화를 주는 것을 불편해한다. 따라서 즉흥적으로 "이번 주에 뭐하니?", "같이 여행 갈까?"라는 지중해 시어머니의 제안은, 무심한 듯한 호의일지라도 소금산 며느리에게는 예상하지 못한 혼란으로 다가온다. 이러한 차이는 감정의 거리로 이어지며, 사소한 일상에서 오해와 불편함이 점차 쌓여간다.

지중해 시어머니는 정리정돈에는 크게 신경 쓰지 않고, 여유롭고 즉흥적인 생활을 선호한다. "이 정도면 됐지", "나중에 정리하면 되지"와 같은 사고방식은 정돈된 환경과 위생을 중시하는 소금산 며느리에게는 불편함을 넘어서 피로감으로 이어진다. 며느리는 시어머니 집에 가는 것이 점점 부담스럽게 느껴지고, 결국 방문 횟수를 줄이며 관계가 단절되는 결과를 낳는다.

이러한 상황에서 지중해 시어머니는 섭섭함을 느낀다. 자신은 함께하고 싶은 마음이 큰데, 며느리가 이를 외면한다고 느끼기 때문이다. 자신이 베푼 호의가 거절당하는 느낌을 받는 순간, 감정적으로 상처를 받게 된다. 남편이 지중해 성향일 경우, 시어머니의 생활 방식에 익숙한 남편은 아내의 반응을 지나치게 예민하다고 여길 수 있다. 이로 인해 부부 갈등으로까지 이어질 수 있다.

소금산 며느리는 문제를 해결하려는 성향이 강하다. 따라서 시어머니에게 직접적으로 정리나 위생 문제를 지적하게 되고, 이런 태도는 지중해 시어머니를 방어적으로 만들며 감정의 골을 깊게 만든다. 지중해 성향은 감정에 민감하고, 자신의 진심이 왜곡되었다고 느끼면 쉽게 상처를 입는다.

이런 경우 상대를 변화시키기보다는, 성향 차이를 인정하고 균형점을 찾는 태도가 필요하다. 예를 들어, 시어머니 댁 방문 시 며느리가 직접 음식을 준비해 가는 방식은 위생 문제에서 오는 불편함을 줄이고, 갈등을 완화하는 효과적인 대안이 된다. 이는 단순한 불만의 회피가 아니라, 실질적인 조율의 방식이다. 소금산 며느리는 자기 기준을 지키면서도, 감정적 충돌을 피할 수 있다.

지중해 성향과 갈등이 잦은 또 다른 성향은 에베레스트다. 에베레스트는 혼자 있는 시간을 중요하게 여기며, 정서적 거리에서 안정감을 느낀다. 반복적인 만남과 접촉을 선호하는 지중해 시어머니와는 정서적 필요가 상반된다. 에베레스트는 '혼자 있는 시간'이 방해받는 순간, 스트레스를 강하게 받는다.

이때 필요한 것은 명확한 기준 설정이다. 예를 들어, 명절과 생일만 방문하겠다고 스스로 기준을 세우고, 나머지는 상황에 따라 선택하는 방식이다. 이와 같은 기준은 반복되는 요청에도 중심을 잃지 않도록 도와준다. 시어머니가 요청을 반복하더라도, 점차 며느리의 경계를 인식하고 익숙해질 수 있다. 중요한 것은 이 기준을 정하고 꾸준히 유지하는 일이다.

관계에서 중요한 것은 상대를 비난하지 않고, 자신의 입장을 감정이 아닌 태도로 표현하는 것이다. '함께하고 싶은 마음은 이해하지만 나는 그 방식이 불편하다'는 식의 설명은 갈등을 최소화하면서 자신의 기준을 유지할 수 있는 방법이다. 말은 따뜻하게 하되, 행동의 기준은 명확히 가져가는 것이 핵심이다.

남편이 에베레스트 성향일 경우, 상황은 또 다른 방향으로 전개된다. 그는 자기 집에 가는 일조차 부담스러워하고, 아내가 시댁 방문을 제안하게 되는 경우도 있다. 반면, 남편이 본가에는 자주 가면서 아내의 친정은 외면할 경우, 불균형이 생기며 부부 갈등이 더욱 깊어질 수 있다. 이 경우에도 부부 간의 역할 조율이 필요하다.

지중해 시어머니는 자신이 필요하다고 느낄 때 안정감을 얻는다. 단순한 방문보다 필요와 관심을 표현하는 방식이 더 큰 의미로 작용한다. 예를 들어, "이번 주에 들를 예정이에요. 지난번 된장이 정말 맛있었어요. 혹시 남은 게 있다면 조금 더 가져가도 될까요?"와 같은 말은 상대를 필요로 한다는 신호를 주면서도 주도권을 잃지 않는 현명한 접근이다.

갈등을 피하는 가장 효과적인 방식은 거리두기가 아니라, 예측 가능한 관계를 형성하는 것이다. 방문은 내가 정한 일정에 따라 이뤄지고, 그 외의 요구에 대해서는 분명히 거절할 수 있어야 한다. 일정한 패턴이 자리 잡히면, 시어머니 역시 무리한 요청을 줄이게 되고 관계는 점차 안정된다.

중요한 것은 물리적 거리보다 마음의 거리다. 자주 만나더라도 정서적 거리가 멀면 관계는 피로할 수 있다. 반면 물리적으로 거리가 있어도 정서적으로 연결되어 있다면 관계는 오히려 깊고 편안해질 수 있다.

갈등은 없지만 긴장은 여전한, 에베레스트 시어머니

에베레스트는 기본적으로 자기 주관이 뚜렷한 이들이다. 하지만 그렇다고 타인의 일에 깊이 관여하거나 감정적으로 휘두르는 편은 아니다. 아들이라고 해서 예외는 아니다. 간섭하거나 연락을 자주 하거나, 오라고 강요하지 않는다. 오히려 지나치게 자주 오는 걸 부담스러워할 수도 있다. 이 점에서 다른 시어머니들과는 확연히 다르다.

그러나 이런 식으로 문제가 생기기도 한다. 혼자 지내는 에베레스트 시어머니가 있었다. 평소에도 사람들과 어울리기를 꺼리는 성향이었고, 나이가 들며 고립감은 더욱 커졌다. 외동아들이 결혼해 독립한 뒤, 그녀는 완전히 혼자가 되었다. 특별히 외로움을 드러내거나 누군가를 부르지는 않았지만, 그 조용한 삶 속에는 막연한 허전함이 존재했다. 시어머니가 직접 '와 달라'고 말한 적은 없었고, 방문을 요청한 일도 없었다. 그러나 아들은 어머니가 외로우실 것이라 짐작하며 매주 찾아가야 한다고 생각했다. 게다가 시어머니는 방문을 준비하지도 않았다. 음식을 해두거나 환영의 표현을 하는 것도 없었고, 오히려 며느리가 식사를 준비해 가야 했다. 결국 정서적인 피로와 현실적 부담이 겹쳐, 며느리는 지쳐버렸다.

이 경우, 갈등을 풀기 위한 핵심은 시어머니가 아니라 남편과의 조율이다. 며느리가 매주 함께 가야 할 필요는 없다. 남편 혼자 다녀오도록 조정하면 된다. 만약 며느리가 호수 성향이라면, 혼자 남는 것을 꺼릴 수 있다. 하지만 이럴 땐 상황을 객관적으로 보는 것이 중요하다. 에베레스트 시어머니는 '혼자 있는 시간'도 필요로 하는 사람이다. 주말에 쉼이 필요한 경우도 많다. 오히려 그 시간을 존중해주는 것이 더 큰 배려일 수 있다.

문제는 시어머니가 아니라 아들의 '불필요한 책임감'에서 비롯된 구조적인 것이다. 그렇기에 남편과 충분히 대화하고 조율하는 것이 가장 중요하다. 그런 점에서 에베레스트 시어머니와의 갈등은 비교적 간단하게 정리할 수 있다.

에베레스트 시어머니에 대해 더 언급할 내용은 많지 않다. 실제 상담에서도 이 유형의 시어머니로 인해 심각한 문제가 발생한 사례는 매우 드물었다. 에베레스트는 타인의 삶에 깊게 개입하지 않고, 자신의 세계에 머무르는 경향이 강하기 때문이다.

예를 들어, 이들은 책을 좋아하거나 조용한 사색을 즐기는 성향이 강하다. 간섭이나 통제보다는 거리 두기를 기본으로 한다. 며느리의 입장에서 보면, 때때로 "아이 공부는 좀 더 시켜야지" 같은 한두 마디 조언 정도로 그친다. 하지만 이 역시 관심의 표현이지, 간섭하려는 태도는 아니다.

흥미로운 점은, 이 시어머니들은 책을 읽는 취미를 갖고 있는 경우가 많다는 점이다. 이따끔 시어머니에게 "요즘 베스트셀러라는데 한 번 읽어보시겠어요?"라며 책을 선물로 건넨다면, 크게 감동을 받을 수 있다. 우리에게 익숙한 시어머니 이미지와는 사뭇 다른 유형이다.

결론적으로, 에베레스트 시어머니는 문제를 크게 일으키는 유형은 아니다. 물론 모든 인간관계가 그렇듯, 갈등이 아예 없을 수는 없다. 다만 이 유형은 대응하기가 비교적 수월하고, 관계 조율이 훨씬 쉬운 편에 속한다.

예측 불가능한 그녀, 미로 성향의 시어머니와의 거리두기

미로 성향의 시어머니는 관계 맺기가 특히 까다롭다. 실제로 상담 사례 중 소금산 시어머니와 함께 자주 등장하는 시어머니 유형이기도 하다. 복잡하고 예측하기 어려운 행동, 감정 기복, 일관성 없는 반응 등은 며느리에게 깊은 피로감을 안긴다. 이 장에서는 미로 성향의 시어머니가 만들어내는 다양한 갈등 양상과 그에 대한 구체적인 대응 전략을 살펴본다.

미로 시어머니는 예의를 요구하면서도 정작 본인은 예의를 지키지 않는다. 어른으로서의 품위를 갖추지 않으면서도 어른으로 대우받기를 원한다. 그래서 며느리는 억울하고 황당한 감정을 느끼게 된다. 대화가 통하지 않고, 아무리 설명해도 납득하지 않기 때문에 며느리는 점점 자신의 감정을 억누르며 살아가게 된다.

대표적인 행동은 타인에 대한 비난과 뒷담화다. 시어머니는 자신이 잘하지 못하면서도 며느리를 평가하고 지적하는 데 거리낌이 없다. 소금산 성향의 며느리가 깔끔하고 부지런함에도 불구하고 "청소가 왜 이렇게 엉망이냐"고 말한다면, 며느리는 혼란에 빠진다. 정리정돈을 중요시하는 사람에게는 이런 말이 모욕적으로 느껴질 수 있다. 처음에는 예의를 지켜 넘기지만 결국 감정이 누적되어 폭발하게 된다. 지중해 성향의 며느리는 갈등을 피하려는 성향 탓에 참고 넘어가는 경우가 많지만, 한계는 있다. 스스로 감정을 감내하려 하지만, 반복적인 비난과 오해는 결국 심리적 스트레스를 키운다. 문제는 시어머니가 단순히 며느리를 타박하는 데 그치지 않고, 주변 사람들의 이야기를 과장하고, 다른 가족 구성원에 대해서도 뒷말을 즐긴다는 점이다.

사막 성향의 며느리는 일 중심적인 사고를 갖고 있으며 바깥일과 가사를 동시에 해내는 경우가 많다. 그러나 미로 성향의 시어머니는 이를 있는 그대로 인정하기보다는 "근데 이건 왜 이래?", "아이 옷은 왜 이렇게 입혔어?"처럼 사소한 지점을 집요하게 비난한다. 며느리는 자신이 충분히 노력하고 있음에도 정당한 평가를 받지 못하고, 오히려 부족한 점만 강조되는 상황에 분노를 느낀다.

이처럼 미로 시어머니는 누구든 '완벽하지 않으면' 비난의 대상이 되며, 아무리 잘해도 칭찬은 인색하다. 시어머니의 비난은 단순한 불만이 아닌 '불안'에서 비롯된다. 불안을 해소하기 위한 방식으로 타인을 통제하고, 끊임없이 감시하려는 태도를 보인다. 상상력이 풍부하여 사소한 일에도 최악의 상황을 상상하고, 그 상상에서 만들어진 오해로 며느리를 몰아붙인다.

예를 들어, 밤 10시에 며느리에게 전화를 했는데 받지 않으면, 시어머니는 곧장 며느리가 무책임하게 밖을 돌아다니고 있다고 상상한다. 실제로는 며느리가 아이와 함께 잠든 것일 수 있지만, 시어머니의 머릿속에서는 이미 며느리가 손주를 방치하고 있다고 결론 내린다. 다음 날 며느리가 "잠들어서 전화를 못 받았다"고 설명해도, "너 진짜 잠든 거 맞니?"라며 의심을 멈추지 않는다.

그 의심은 며느리에게만 머무르지 않고 아들에게도 전달된다. 남편이 "엄마, 그냥 잠든 거야. 그럴 수도 있잖아"라고 말해도, 시어머니는 "그 애가 그런 식으로 말했니? 내가 뭘 얼마나 전화했는지도 모르면서"라며 억울함을 호소한다. 자신이 만든 상상의 시나리오를 바탕으로 며느리를 비난하고, 아들에게도 며느리를 의심하게 만든다.

이러한 구조에서 며느리가 할 수 있는 일은 제한적이다. 가장 중요한 것은 내 감정을 지키는 것이다. 시어머니가 만들어낸 불안과 비난 속에서도 감정적으로 휘둘리지 않도록 거리를 두고, 스스로의 삶을 지켜야 한다. 그리고 시어머니의 말과 행동을 있는 그대로 받아들이기보다는, 그 밑에 숨겨진 두려움과 불안을 이해하려는 시도가 필요하다.

미로 성향은 하나의 고정된 성격이라기보다는 복합적인 감정이 얽힌 상태다. 어떤 순간에는 소금산처럼 잔소리를 하고, 어떤 순간에는 활화산처럼 분노를 터뜨리며, 또 어떤 순간에는 와이키키처럼 가볍고 즐거운 분위기를 연출하기도 한다. 그래서 예측이 어렵고, 며느리는 늘 조심스러운 태도로 관계를 유지해야 한다는 부담을 안게 된다.

호수 성향까지 지닌 미로 시어머니의 경우, 감정 기복이 더욱 심해진다. 감정에 따라 말투와 행동이 달라지고, 며느리에 대한 부정적인 언급도 더 빈번해진다. 특히 호수 며느리와 미로 시어머니가 만나면 감정적 경쟁 구도가 생겨나기 쉽다. 며느리는 사랑받고 싶고, 시어머니는 관심받고 싶다. 그 감정이 충돌하면서 갈등은 더욱 깊어진다.

미로 시어머니는 아이에게도 예외 없이 자신의 방식으로 접근한다. 손주가 살이 올랐다고 느껴지면 "적당히 좀 먹어라", "운동 좀 시켜라" 같은 말을 서슴지 않고 한다. 며느리는 그런 말을 듣고 충격을 받고, 아이 역시 그런 할머니에게 마음을 닫는다. 결국 가족 내에서의 불신과 거리감은 더욱 커지고, 시어머니는 "왜 우리 손주들은 나를 안 좋아할까?"라며 섭섭함을 토로하게 된다.

그렇다면 이 문제에 어떻게 접근해야 할까. 시어머니의 기대에 맞춰 살 수는 없지만, 신뢰는 차근차근 형성할 수 있다. 예를 들어, "이번 주엔 이런저런 일들이 있었고, 밥도 잘 챙겨 먹고 있어요" 같은 간단한 이야기라도 정기적으로 전하면 시어머니는 무시당하지 않았다고 느끼며 안정을 얻는다.

또한 시어머니가 다른 사람의 흉을 볼 때, 며느리가 직접 반박하거나 거리두기보다는 가능한 범위 안에서 공감의 태도를 보이는 것이 관계를 악화시키지 않는 최소한의 기술이 된다. 시어머니가 나에게 실질적인 도움을 준다면, 간단한 편들기도 감정적으로 큰 의미를 지닐 수 있다.

물론, 시어머니의 말과 행동이 내가 가진 상식과 기준에 어긋날 때는 감정적으로 방어하려는 본능이 앞설 수 있다. 그러나 그 모든 상황을 단호히 거절하고 밀어내기보다는, 관계의 긴장을 줄이기 위한 전략적 대응이 필요하다. 신뢰를 전제로 일정한 거리를 유지하는 것, 그것이 미로 시어머니와의 관계에서 스스로를 보호할 수 있는 가장 현실적인 방법이다.

미로 성향의 시어머니는 다양한 갈등을 만들어내는 중심축일 수 있다. 그러나 그 갈등 속에도 관계를 회복할 수 있는 여지는 존재한다. 중요한 것은 내 감정을 지키고, 불필요한 상처를 피하며, 관계 안에서 내가 어떤 위치를 택할 것인지를 스스로 결정하는 것이다. 그것이야말로 건강한 거리두기이며, 삶을 지키는 기술이다.

멋지게 사는 와이키키 시어머니, 며느리의 경제적 불편함

와이키키 성향의 시어머니는 대부분 큰 갈등을 일으키지 않는 편이다. 기본적으로 자기 삶의 즐거움을 중시하고 자유를 추구하기 때문에, 굳이 며느리의 삶에 깊이 관여하거나 간섭하려는 태도를 보이지 않는다. '사는 게 재밌어야지', '내 인생은 내 마음대로'라는 마인드가 강한 이 유형은, 오히려 적당한 거리감 속에서 관계를 유지하는 것을 선호한다. 며느리 입장에서도 '신경을 덜 써도 되는' 시어머니로 느껴지기 때문에, 큰 스트레스 없이 지내는 경우가 많다.

실제로 상담 사례에서도 와이키키 성향의 시어머니는 자주 등장하지 않는다. 이유는 간단하다. 그만큼 갈등이 덜 발생하기 때문이다. 다른 성향의 시어머니들처럼 며느리의 살림이나 육아에 일일이 간섭하거나, 관계의 위계를 강조하지도 않는다. "나는 내가 하고 싶은 대로 살았으니, 너도 네 마음대로 살아"라는 식의 태도는 며느리에게 해방감을 주기도 한다. 이처럼 적당히 자유롭고, 적당히 무관심한 와이키키형 시어머니는 관계가 얽히는 경우 자체가 드물다.

하지만 예외는 존재한다. 그 '예외'는 바로 경제적 기반이 약한 와이키키형 시어머니다. 원래의 자유롭고 즐거운 삶을 유지하고 싶은 마음은 그대로인데, 현실적인 재정 상황이 이를 받쳐주지 못할 경우 문제가 시작된다. 자발적으로 독립된 생활을 이어가야 함에도 불구하고, 경제적 이유로 아들 부부에게 의존하려는 태도가 서서히 드러난다. 처음에는 "그냥 잠깐 좀 도와줘", "이번 달만 좀 부탁해"처럼 가볍게 시작되지만, 그것이 반복되고, 기대가 당연해지면서 갈등의 불씨가 커지기 시작한다.

이 과정에서 며느리가 느끼는 감정은 복합적이다. 한편으로는 안쓰럽고 도와드려야 한다는 책임감을 느끼지만, 동시에 억울함과 분노가 밀려온다. 내가 매일매일 장을 볼 때도 세일 상품을 찾고, 아이들 학원비를 줄여가며 아껴 쓰고 있는데, 시댁에 드린 돈으로는 새 TV가 들어오고, 백화점 브랜드 화장품이 늘어가는 모습을 보게 되는 순간 며느리의 마음은 복잡해진다.

이런 상황에서 며느리가 보이는 감정은 단순한 짜증이나 서운함이 아니라 존중받지 못했다는 상실감에 가깝다. 금전적인 지원이 단순한 도움으로 끝나지 않고, 그것이 점점 '의무'처럼 요구될 때, 며느리는 관계의 균형이 무너졌다고 느끼게 된다. 특히 와이키키 시어머니는 다른 성향처럼 명분을 내세우는 것도 아니기 때문에, 며느리는 더욱 혼란스러워진다. "왜 이렇게 당연하게 생각하지?", "고맙다는 말 한마디도 없네?" 같은 감정이 쌓이면서 거리감은 점점 벌어진다.

이런 상황을 해결하기 위해 가장 중요한 것은 관계의 기준을 명확히 정하는 것이다. 감정적으로 부딪치기보다는, 경제적 분리는 어디까지, 정서적 거리는 어느 정도로 유지할 것인지 부부가 먼저 정하고 그 기준을 지켜야 한다. 예를 들어, 용돈은 얼마까지 가능한지, 지원은 어떤 상황에서만 가능한지 부부가 먼저 합의한 뒤, 시어머니와의 관계에서 흔들리지 않도록 하는 것이 필요하다.

동시에, 시어머니의 삶을 존중하는 태도도 함께 가져가야 한다. 와이키키 성향은 '자유롭게 사는 나 자신'에 대한 긍정적 이미지가 중요한 사람이다. 따라서 "어머니처럼 나이 들어서도 즐겁게 사는 삶, 정말 보기 좋아요", "어머니 보면 저도 나중에 멋지게 살고 싶단 생각 들어요" 같은 말은 그녀의 자존감을 자극하면서도 관계를 부드럽게 만들어주는 데 효과적이다. 말 한마디가 분위기를 바꾸고, 갈등을 예방하는 강력한 도구가 되는 셈이다.

　실제로 한 상담 사례에서는, 명절을 앞두고 시어머니께 10만 원을 드렸는데 시어머니가 섭섭해하며 "이번에는 20만 원은 돼야지"라고 말해 며느리가 깊은 상처를 받았다. 며느리는 짜증을 느꼈고 상담까지 신청했지만, 현실적으로는 상담에 비용을 쓰는 것보다 시어머니께 10만 원을 더 드리는 편이 관계를 원만하게 유지하는 데 효과적일 수 있다. 물론 모든 사람이 이런 방식에 동의하거나 감당할 수 있는 것은 아니다. 하지만 갈등의 본질을 감정이 아닌 실용적인 기준에서 판단할 수 있다면, 상황은 훨씬 수월하게 풀릴 수 있다.

　중요한 것은 와이키키 시어머니가 돈을 요구하는 방식은 도덕적 명분에서 비롯된 것이 아니라는 점을 이해해야 한다. 소금산 시어머니가 '예의'나 '도리'를 강조하며 금전적 지원을 요청한다면, 와이키키는 단지 본인의 즐거움을 계속 유지하고 싶은 마음에서 기대하는 경우가 많다. 이 차이를 이해하고 나면, 며느리로서도 감정적으로 휘둘리기보다 실용적으로 선을 긋는 태도가 가능해진다.

　결국 와이키키 성향의 시어머니와의 관계는, 무조건적인 순응이 아니라 명확한 기준을 세우고 그 안에서 유연하게 조절하는 것이 핵심이다. 간섭이 적은 만큼 조율은 쉽고, 기준만 세워두면 관계의 갈등은 충분히 예방할 수 있다. '적당한 거리, 명확한 선, 따뜻한 언어' 이 세 가지가 와이키키 시어머니와 건강한 관계를 만들어주는 실용적인 해법이다.

Part 4

자녀 양육,
'성향'이라는
지도를 펼치다

01

양육의 출발점, 성향과 이해

아이를 처음 품에 안는 순간, 부모의 간절한 바람은 단 하나다. 그저 건강하게 자라주는 것. 아프지 않고, 무사히 하루하루를 살아가는 것만으로도 모든 것이 충족된다. 하지만 막상 아이를 키우다 보면 단순했던 바람은 점점 더 크고 복잡한 기대들로 바뀌어 간다. 그러면서 예상치 못한 갈등이 터지고, 사랑으로 건넨 말이 오히려 아이의 마음에 상처로 남기도 한다.

부모는 혼란스러워진다. 아이에게 문제가 있는 걸까, 아니면 내가 뭔가 잘못하고 있는 걸까. 고민은 깊어지고, 양육은 점점 더 어렵게 느껴진다. 그런데 그 이면에는 아주 중요한 한 가지가 숨어 있다. 바로 성향의 차이다.

아이를 키우는 데 있어 가장 중요한 것은 '이 아이가 어떤 아이인가'를 제대로 이해하는 것이다. 아이의 성향을 알고, 이해하고, 받아들이는 만큼 아이는 부모의 시선 안에 온전히 들어올 수 있다. 부모가 자녀의 성향을 이해하지 못하면, 무의식적으로 아이를 '틀린 존재'로 여길 수 있다. "나는 옳고 너는 틀렸다"는 전제가 관계 속에 깔리면, 그것은 갈등을 반복시키는 구조로 작용한다. 특히 '내 아이'라는 표현 속에는 종종 '내가 원하는 대로 되어야 하는 존재'라는 소유의 감정이 깃들어 있다. 이 감정이 강해질수록, 아이는 독립된 인격체가 아닌 통제의 대상으로 전락하고 만다.

그러나 양육의 본질은 소유가 아니라 동행이다. 부모는 아이를 통해 자신의 감정을 투사하는 존재가 아니다. 한 사람의 인격이 자라나는 과정을 존중하고 그 여정을 함께 걸어주는 동반자다. 이를 위해 반드시 필요한 것이 바로 성향에 대한 이해다.

성향은 각자 타고난 에너지의 흐름이자, 세상을 인식하고 반응하는 고유한 방식이다. 부모와 자녀가 다른 성향을 지니고 있다면, 같은 상황에서도 서로 전혀 다르게 느끼고 반응하게 된다. 예를 들어, 와이키키 성향의 아이는 즐거움을 추구하고, 외부 자극에 민감하며 즉각적인 피드백을 바란다. 이 아이에게 반복된 무시나 통제는 자존감에 치명적이다. 반면, 미로 성향의 아이는 겉으로는 조용히 순응하는 듯 보이지만, 감정을 내면에 쌓아두다가 어느 순간 폭발한다. 부모가 이러한 성향 차이를 이해하지 못하면, "왜 갑자기 저러지?", "이렇게 착하던

애가 왜 이렇게 변했을까?"라는 오해가 쌓인다.

아이의 행동은 단순한 고집이 아니라, 아이의 성향이 작동하고 있는 방식이다. 갈등은 바로 이 성향의 차이를 모를 때 발생한다. 그래서 부모는 자주 이런 말을 하게 된다.

"첫째는 이렇게 했을 때 잘 됐는데, 둘째는 왜 안 통하죠?"

같은 부모, 같은 환경, 같은 방식으로 양육하더라도 아이마다 전혀 다른 반응을 보이는 이유는 각기 다른 성향을 지니고 있기 때문이다. 부모는 같은 말을 했다고 생각하지만, 아이들은 그 말을 각자의 방식으로 받아들인다. 이처럼 성향을 고려하지 않은 양육은 반복적인 좌절을 낳는다.

우리 집 가족사진을 보면 머리숱이 적고 이목구비가 비슷해 '유전자는 속일 수 없다'는 말을 실감하게 된다. 하지만 아이들은 성별도 다르고, 성향도 모두 다르다. 겉모습은 닮았지만, 기질과 성격은 전혀 다르다. 같은 방식으로 키운다면 당연히 어려움이 생길 수밖에 없다. 양육은 공정함이 아니라, '차이에 맞는 적절한 방식'이 핵심이다.

부모가 자녀의 성향을 이해하기 위해서는 먼저 자신의 내면을 살펴야 한다. "나는 지금 어떤 마음으로 아이를 대하고 있는가?" 이 질문이 양육의 출발점이다. 피곤하고 지친 상태에서 아이를 대하면, 마음과는 다르게 짜증 섞인 말과 표정이 먼저 튀어나오게 마련이다. 그 순간은 금세 지나가지만, 아이는 그 감정을 오래도록 기억 속에 간직한다.

부모의 정서는 양육 전반에 결정적인 영향을 미친다. 아무리 긍정적인 언어를 사용하겠다고 다짐해도, 무의식적으로 "안 돼", "하지 마" 같은 말이 먼저 튀어나오기 쉽다. 변화는 큰 결심이 아니라, 말투 하나, 시선 하나, 매 순간의 태도에서 시작된다.

이 모든 것이 고스란히 아이의 정서로 연결된다. 예를 들어, 아버지가 술을 자주 마시는 집에서 자란 경우를 생각해보자. 어떤 아버지는 술만 마시면 폭력적으로 변하고, 말과 행동이 거칠어져 가족의 평화를 깨뜨린다. 이런 가정에서 자란 아이는 술에 대해 부정적인 감정을 갖게 될 가능성이 높다. 반면 어떤 아버지는 술을 마시면 기분이 좋아지고 장난기가 많아지는 모습으로 아이에게 기억될 수 있다. 같은 '음주'라는 행위도 어떤 부모 밑에서 어떤 분위기 속에 노출되었느냐에 따라 아이의 기억과 감정은 전혀 다르게 형성된다.

결국, 성향도 중요하지만 그보다 먼저 부모가 정서적으로 건강한 상태를 유지하는 것이 선행되어야 한다. 건강한 정서 상태에서 나오는 양육은 아이의 성향과 무관하게 긍정적인 영향을 끼친다. 반대로 부모가 지쳐 있거나 불안하다면, 아무리 좋은 방식이라도 아이에겐 상처로 남을 수 있다.

아이를 키운다는 것은 단지 한 생명을 책임지는 일이 아니다. 또 하나의 인격이 자라나는 과정을 존중하며, 그 여정을 함께 걸어가는 일이다. 그 길 위에서 가장 중요한 것은 성향을 이해하는 지혜와 부모 자신의 건강한 마음이다.

이제 스스로에게 물어야 할 시간이 왔다. 정말로 아이의 변화를 바라고 있는가? 그보다 먼저, 부모인 나 자신이 변화할 준비가 되어 있는가? 삶은 의식하지 않으면 달라지지 않는다. 행동도 마찬가지다. 우리는 대부분 무의식적인 습관에 따라 살아간다. 변화는 그런 습관을 알아차리는 '의식'에서 출발한다.

요가 수련 중에도 그런 깨달음을 얻은 적이 있다. 명상을 시작하며 자세를 바로잡고 눈을 감는다. 꼬리뼈를 바닥에 단단히 붙이고, 허리를 곧게 세운다. 어깨는 부드럽게 내리고, 목은 길게 뻗는다. 처음엔 그 자세를 유지하기 위해 애를 쓴다. 하지만 시간이 조금만 지나도 어느새 익숙한 자세로 되돌아가 있다. 잠깐만 방심해도 우리는 원래의 습관으로 돌아가 버린다.

이제 우리에게 필요한 것은 아이를 바꾸려는 조급함이 아니라, 부모인 자신을 먼저 돌아보고 다듬으려는 의식적 연습이다. 삶도 행동도 반복된 습관 위에 세워진다. 요가 매트 위에서 잠시만 자세를 놓쳐도 몸이 익숙한 형태로 돌아가듯, 양육에서도 의식의 끈을 놓는 순간 우리는 과거의 방식으로 미끄러진다. 변화는 거창한 결심이 아니라, 사소한 선택을 꾸준히 되풀이하는 과정 속에서 싹튼다.

이번 장에서는 양육의 출발점에서 반드시 점검해야 할 자녀의 성향에 대해 살펴보고자 한다. 참고로, W.N.P.M 심리 성향 체계 중 아동·청소년기에는 거의 나타나지 않는 '소금산'과 '사막' 성향은 이번 설명에서 제외했다는 점을 미리 밝혀둔다. 더불어 이 주제가 왜 '부부 관계'와 함께 논의되어야 하는지도 함께 다루었다. 앞으로는 실제 상담 사례

들을 중심으로, 아이의 성향에 따라 어떤 문제가 발생하고, 그것을 어떻게 해결할 수 있는지 구체적으로 짚어볼 예정이다. 작은 깨달음이 모여 큰 변화를 이루듯, 지금부터 한 걸음씩 함께 나아가 보자.

세 아이가 내게 가르쳐준 것
: 성향, 성장, 그리고 동행

나는 세 아이의 엄마다. 심리학을 처음 접한 계기 역시 자녀와의 갈등에서 비롯되었다. 시어머니와의 갈등에서는 '며느리'라는 역할에 지나치게 집착하지 않으면 되었고, 남편과의 갈등에서는 '아내'라는 자리에서 한 걸음 물러나면 그만이었다. 하지만 '엄마'라는 이름만큼은 나 자신과도 같았기에, 그 역할만큼은 끝내 내려놓을 수 없었다. 특히, 아이에게서 내가 원치 않았던 모습이 보였을 때 받은 충격은 상상 이상이었다. 그 모습은 단순히 아이의 문제로만 느껴지지 않았고, 마치 내 양육의 실패처럼 여겨졌다. 그 감정은 나를 책상 앞에 앉히고, 심리학을 공부하게 만들었다. 그리고 지금까지의 양육 여정을 돌아보며, 내가 무엇을 놓쳤고 무엇을 새롭게 배워야 하는지를 진지하게 고민하게 되었다.

　가족 구성원 각자의 성향은 양육 방식에 큰 영향을 준다. 남편은 활화산과 소금산 성향, 나는 사막과 소금산 성향이다. 첫째는 와이키키와 활화산, 둘째는 미로와 사막, 막내는 호수와 에베레스트의 특성을 지녔다. 이처럼 가족 모두의 성향이 제각각이다 보니, 일상생활에서도 충돌이 잦았다.

　나는 경제적 기반이 부족한 상황에서 안정적인 수입을 위해 외부 활동에 몰두했고, 남편은 그런 내 모습을 보며 "나한테 밥 한 번 제대로 차려준 적 있냐"는 식의 말을 자주 쏟아냈다. 그는 감정을 쉽게 폭발시켰고, 나는 감정을 내면에 쌓아두고 회피하는 방식으로 대응했다. 각자의 입장에서는 충분히 타당한 판단이었지만, 서로의 성향을 이해하지 못했던 시절에는 그 판단이 갈등으로 이어졌다.

　첫째 아이는 자율성과 즐거움을 중시하는 와이키키와 활화산 성향으로, 끊임없이 뭔가를 하고 싶은 욕구가 강했다. 하지만 남편은 어김없이 그런 욕구를 제지했다. "안 돼", "하지 마" 같은 말을 반복했고, 이는 아이에게 억압으로 작용했다. 반면 나는 과거의 결핍에서 비롯된 욕망 때문에, 아이의 욕구를 가능한 한 충족시키려 노력했다. 한 아이를 두고 부모가 서로 다른 양육 태도를 보인 셈이다.

　둘째 아이는 어릴 적부터 착하고 순응적이었다. 유치원에서 한 번도 울거나 떼쓰지 않고, 항상 담담하게 행동하는 모습은 부모 입장에서 안심이 되었지만, 정작 그 내면에는 부정적인 감정이 쌓이고 있었다.

중학생이 되면서 그 감정은 '착한 아이'라는 가면을 벗는 형태로 드러났다. 내면은 따뜻하고 순하지만, 억눌림이 지속되면서 반항이나 거리두기로 표현된 것이다. 이것이 바로 미로 성향의 특성이다.

막내는 감정 표현이 뛰어나고 욕구가 분명한 아이였다. 호수 성향이 두드러졌고, 정서적 연결을 통해 자신의 감정을 드러내는 데 능숙했다. 하지만 한동안 엄마와 떨어져 지내며 아빠의 보살핌을 받던 시기에는 심리적으로 위축되고 감정 표현이 줄어들었다. 다시 엄마와 지내게 된 이후 자신감과 활력을 되찾은 모습을 통해, 성향과 양육 환경의 상호작용이 얼마나 중요한지를 실감할 수 있었다.

성향에 대한 이해가 없던 시절에는, 아이들과의 갈등이 무엇 때문에 생겨난건지 원인조차 파악하기 어려웠다. 이유도 모른 채 상처받고, 오해하고, 관계는 점점 멀어졌다. 하지만 성향에 대해 체계적으로 탐구하면서 각자의 다름을 수용할 수 있는 시야가 열렸고, '왜 저럴까'라는 의문은 '그럴 수 있겠다'라는 이해로 전환되었다. 감정의 충돌은 줄어들었고, 가족 구성원 간의 관계는 점차 회복되기 시작했다. 성향을 아는 것은 갈등을 없애기 위한 것이 아니라, 갈등을 다룰 수 있는 힘을 갖추기 위한 첫걸음이었다.

똑같은 성향의 아이라도 누구를 만나 어떻게 자라는가에 따라 전혀 다른 결과가 나타날 수 있다. 어떤 아이는 반복적인 갈등 속에서 힘들어하고, 또 어떤 아이는 큰 문제 없이 건강하게 성장한다. 결국 문제는 '성향' 자체에 있는 것이 아니라, 그 성향이 놓인 관계의 맥락에 있다.

중요한 것은 '누가 그 아이 곁에 있는가', 그리고 '어떤 태도로 함께 살아가는가'이다. 아이의 성향은 고정된 결함이 아니라, 관계 속에서 다듬어지고 길러지는 가능성이다. 부모는 그 가능성이 펼쳐질 수 있도록 지지하고, 환경을 조율해주는 조력자다. 성향을 안다는 것은 아이를 틀에 맞추려는 것이 아니라, 아이가 자기답게 살아갈 수 있는 길을 함께 찾아간다는 의미다.

02

아이의 성향을 이해하면, 양육의 길이 보인다

즐거움을 삶의 중심에 둔 '와이키키' 아이

요즘 아이들 대부분은 와이키키 성향

최근 와이키키 성향을 지닌 아이들이 부쩍 늘어난 것이 실감된다. 아이마다 주된 성향은 다르더라도 와이키키 성향이 일정 부분 혼합되어 있다고 보는 것이 현실적이다. 따라서 자녀가 와이키키 성향을 지녔다고 가정하고 양육하는 것이 실제로는 가장 적절한 접근 방식일 수 있다.

와이키키 성향의 아이는 즐거움과 행복을 삶의 최우선 가치로 여긴다. 인생을 즐겁고 행복하게 살아야 한다는 태도 자체는 잘못되지 않았다. 그러나 우리 사회는 이러한 즐거움과 행복을 경계해야 할 감정으로 여기는 경향이 있다. 아이가 놀려고 할 때 '공부부터 하라'는 말이 먼저 나오고, 즐겁고 재미있는 것만 좇아서는 안 된다고 가르치며 아이의 본능적인 에너지를 억제한다. 이로 인해 와이키키 성향의 아이는 자신의 자연스러운 에너지를 발산하기보다 끊임없이 억누르고 조절해야 하는 상황에 놓이기 쉽다.

특히 와이키키 성향은 어떤 보조 성향이 동반되느냐에 따라 다르게 발현된다. 지중해, 에베레스트, 활화산, 호수 등 어떤 성향과 함께 나타나는지에 따라 아이의 행동 방식, 욕구, 정서적 민감도가 달라진다. 와이키키 성향의 기본적인 특징은 '놀고 싶다, 즐겁고 싶다, 행복하고 싶다'는 단순하지만 강력한 에너지이다. 이 핵심을 이해한 상태에서 와이키키 성향을 바라보아야 올바른 양육 방향을 설정할 수 있다.

흥미로운 점은 최근 부모 세대, 특히 1985년 이후 출생한 부모들 중에도 와이키키 성향을 지닌 경우가 많다는 사실이다. 겉으로는 소금산이나 호수 성향처럼 살아가는 것처럼 보여도, 내면 깊은 곳에는 여전히 즐겁고 행복하게 살고 싶다는 욕구가 자리 잡고 있다. 문제는 이러한 욕구를 충분히 이해하고 인정하지 못할 경우, 자신의 삶도 버거워지고 자녀 양육에도 혼란을 겪게 된다는 것이다. 즐거움을 추구하는 것은 자연스러운 본능이며, 이를 제대로 이해하고 조율하는 것이 건강한 양육의 출발점이다.

와이키키 성향의 아이들에게는 공부조차도 '재미있어야' 한다. 즐거움과 재미가 결여되면 학습은 단지 억지로 견뎌야 하는 고통스러운 시간이 될 뿐이다. 따라서 이들에게 학습이란 정보를 습득하는 과정이기보다 '재미있는 것을 알아가는 경험'이어야 한다. 책이 재미있다는 것을 먼저 느껴야 책을 읽게 되고, 공부가 흥미롭다는 것을 인지해야 책상 앞에 앉을 수 있다.

그러나 현실은 그렇지 못한 경우가 많다. 많은 부모가 와이키키 성향을 충분히 이해하지 못한 채 즐거움보다는 억제와 통제를 우선시한다. 특히 부모 자신도 와이키키 성향을 가지고 있음에도 불구하고, 결혼과 육아를 거치며 자신을 소금산이나 활화산 성향처럼 살아가도록 만든 경우가 많다. 겉으로는 단단한 책임감과 규율로 무장했지만, 내면의 즐거움을 인정하지 않은 채 살아가는 것이다. 이때 자녀가 와이키키 성향을 가졌다면 부모와 자녀 간에 본능적인 충돌이 발생할 수밖에 없다.

다만 와이키키 성향에 어떤 보조 성향이 동반되느냐에 따라 약간의 차이가 나타난다. 예를 들어 지중해 성향이 함께 나타나면 다양한 사람들과 어울려 노는 것을 선호한다. 반면 에베레스트 성향이 동반될 경우 혼자 노는 것을 더 즐긴다. 활화산 성향과 함께 나타나면 놀이를 좋아하지만 지중해처럼 폭넓은 인간관계를 추구하지는 않는다. 호수 성향이 함께 나타날 경우, 가정에서 충분한 사랑을 받은 아이는 외부 활동을 즐기는 반면, 사랑받지 못한 아이는 주로 집 안에 머무르려는 경향을 보일 수 있다.

이처럼 와이키키 성향은 단순히 '명랑한 아이'를 의미하지 않는다. 놀이와 즐거움이라는 매개를 통해 삶을 이해하고 세상과 소통하려는 존재다. 이러한 아이를 올바르게 이해하고 양육하기 위해서는 부모 역시 자신의 성향을 이해하고, '즐거움'이라는 키워드를 사치가 아닌 삶의 중요한 일부로 받아들이는 노력이 필요하다.

즐거움이 삶의 나침반 ──── ♦

와이키키와 지중해 성향이 결합된 아이는 스스로 즐거움을 찾고, 그로 인한 기쁨을 다른 사람과 나누고 싶어 한다. 그러나 부모는 아이를 단순히 '놀기만 하는 존재'로 여기며, 그 행동에 담긴 정서적 의미를 간과하는 경우가 많다. 이러한 상황이 반복되면 아이는 가정에서 소외감을 느끼고 부모와 정서적으로 멀어지게 된다.

이러한 아이에게는 부모의 따뜻한 반응이 매우 중요하다. "너와 함께 있으면 즐겁다", "같이 노니까 재미있다"와 같은 긍정적인 표현을 자주 들려주는 것만으로도 아이는 큰 확신과 안정감을 얻는다. 실제로 와이키키 성향의 아이는 부모에게 함께 놀자고 자주 제안한다. 함께 시간을 보내며 노는 것 자체가 아이에게는 행복이고, 가정이 그 중심이 될 때 아이는 정서적 안정감을 느낀다.

와이키키 성향의 핵심은 '즐거움'이 에너지의 원천이라는 점이다. 재미가 있어야 집중할 수 있고, 흥미를 느껴야 온몸이 반응한다. 반대로 재미가 없으면 아무리 중요하다고 여겨지는 일이라도 의욕이 생기지 않는다. 따라서 반복적인 일상보다는 끊임없이 새로운 자극과 변화가 있는 환경에서 더 잘 성장한다. 예를 들어, 다섯 살 무렵 많은 부모가 한글 학습지를 시작하지만, 이러한 성향의 아이는 단조로운 학습 방식에 쉽게 흥미를 잃는다. 스티커 붙이기나 다양한 주제를 넘나드는 방식이 훨씬 효과적이다. 완전히 똑같은 형식보다는 약간씩 변화하는 구성에서 더 높은 집중력을 보인다.

부모도 와이키키 성향이라면 아이와 코드가 잘 맞을 확률이 높다. 와이키키 성향의 부모와 아이는 즐거움의 코드를 잘 공유하고, 갑작스러운 제안도 쉽게 받아들이며 함께 유쾌한 일상을 만들어갈 수 있다. 그러나 미로 성향의 부모는 갑작스러운 제안에 민감하게 반응한다. 계획되지 않은 일에 불안감을 느끼고 안정된 구조 안에서만 편안함을 느낀다. 이러한 성향은 와이키키 성향의 아이를 양육하는 과정에서 충돌을 유발할 수 있다. 아이는 설레는 마음으로 즉흥적인 제안을 하지만, 부모는 혼란스러워하며 그 제안을 쉽게 받아들이지 못한다.

이 아이의 즐거움과 즉흥적인 에너지를 인정하고 받아들이는 것이 무엇보다 중요하다. '재미있을 것 같아서', '새로워 보여서' 행복해하는 감정을 존중해야 한다. 그렇지 않으면 아이는 결국 지치고 피곤한 삶을 살아가게 될지도 모른다.

와이키키 아이의 학습과 성장 ──── ♦

와이키키 성향을 가진 아이들은 삶에서 즐거움과 재미를 가장 중요한 가치로 여긴다. 어린 시절에는 이런 성향이 비교적 잘 드러나지 않지만, 학년이 올라갈수록 학습 환경과 충돌하며 어려움을 겪게 된다. 특히 현재의 교육 시스템은 이 성향의 아이들에게 점점 더 큰 장벽으로 다가온다.

초등학교 저학년까지는 비교적 활동 중심의 수업이 많아 아이들의 흥미를 자극할 수 있다. 그러나 초등학교 4학년 무렵부터는 학습량이 늘고 평가 중심의 교육 방식이 강화되면서, 와이키키 아이들은 점차 수업을 지루하게 느끼기 시작한다. 학습의 즐거움보다 스트레스가 먼저 찾아오고, 이 시기가 지나도 중학교 3학년 무렵 또 한 번의 큰 고비를 맞이한다. 공부에 대한 동기 부여가 되지 않는 상태에서 학습의 벽을 마주한 아이들은 포기를 선택하기도 한다.

고등학교 2학년쯤 되면, 많은 아이들이 수업에 집중하지 못하고 혼란스러워한다. '내가 왜 여기 앉아 있어야 하지?', '이 공부는 내 삶에 어떤 의미가 있을까?'라는 질문이 머릿속을 가득 채운다. 와이키키 성향의 아이들에게 이 시기는 더욱 힘겹다. 이들은 자유를 갈망하고 구속을 싫어하기 때문에, 정해진 교실 안에서 틀에 박힌 수업을 듣는 것은 고통 그 자체다. '왜 나를 가둬두는 거지?', '왜 내 자유를 빼앗는 거야?'라는 감정이 내면 깊숙이 자리 잡는다.

학교생활이 즐겁기 위해서는 단순히 교실 분위기만 좋아서는 안 된다. 숙제가 준비되어 있고, 발표할 내용이 정리되어 있으며, 선생님의 질문에도 당황하지 않고 대응할 수 있어야 한다. 그러나 와이키키 성향의 아이들에게 이런 준비는 쉽지 않다. 친구들과 어울리는 일조차 부담스러울 수 있고, 숙제를 하지 않았다는 불안감이나 발표에 대한 긴장감은 아이들의 학교생활을 더 힘들게 만든다. 결국, 이 불편함은 아이들을 점점 학교 밖으로 내몰게 된다.

이 시기에 부모의 역할은 결정적으로 중요하다. 와이키키 아이가 삶을 긍정적으로 받아들이고 자존감을 유지하기 위해서는, 부모가 전달하는 정서적 메시지가 무엇보다 중요하다. 특히 부모가 미로 성향을 가지고 있을 경우, 무의식적으로 부정적인 에너지를 아이에게 전달하기 쉬운데, 이런 기류는 아이의 성장을 더디게 만들 수 있다. 부모가 전해야 할 핵심 메시지는 단순하다. '삶은 즐겁고 재미있는 것이다', '세상은 안전하고 흥미로운 곳이다'라는 신호를 일관되게 보내는 것이다. 이런 긍정의 에너지가 아이의 내면에 뿌리내릴 때, 아이는 세상을 바라보는 눈도 긍정적으로 바뀌게 된다.

와이키키 아이에게 꼭 필요한 또 하나의 요소는 일관된 규칙이다. 규칙은 하루하루 기분에 따라 바뀌는 것이 아니라, 예측 가능하게 유지되어야 한다. 오늘은 안 된다고 했던 일이 내일은 되는 식의 기준 없는 태도는 아이를 혼란스럽게 만든다. 공부든 게임이든, 아침에 일어나는 시간이든 습관은 어릴 때부터 동시에 여러 가지를 잡아주는 것이 중요하다. 와이키키 성향의 아이일수록 그 기준이 더 분명해야 한다.

　이 모든 이야기는 와이키키 아이에게만 해당하는 것이 아니다. 모든 아이는 결국 부모의 행동을 통해 배운다. 아침에 일찍 일어나고 규칙적인 생활을 실천하는 부모의 모습은 가장 강력한 교육이다. 말로 가르치는 것보다 중요한 것은 부모 스스로의 삶의 태도다. 양육은 결국 말이 아니라 행동으로 이루어진다.

　건강하고 즐거운 삶을 위해, 와이키키 아이에게는 지속적인 재미와 흥미가 필수적이다. 학습도 마찬가지다. 억지로 시키는 공부가 아니라, 아이가 흥미를 가질 수 있도록 설계된 방식이어야 한다. 그래야 아이는 자신의 에너지를 충분히 발산하며, 자기다운 방식으로 성장해 나갈 수 있다.

독서교육도 즐거움이 핵심 ──── ♦

　와이키키 성향의 아이는 재미와 즐거움을 삶의 중심에 둔다. 새로운 자극을 좋아하고, 반복적이거나 단조로운 활동에는 쉽게 흥미를 잃는다. 이런 성향을 가진 아이에게 독서 교육은 어떻게 접근해야 할까? 많은 부모가 자녀 교육의 일환으로 '전집'을 구입하지만, 사실 이 선택은 와이키키 아이에게 치명적인 독이 될 수 있다.

　전집은 종종 부모의 만족을 위한 상징물로 기능한다. 책장에 빼곡히 꽂힌 전집을 보며 '나는 좋은 부모야'라는 안도감을 느끼기도 한다. 하지만 책을 구입한 주체는 부모이며, 아이는 그 책을 원한 적이 없다. 화려하게 구성된 전집이라 해도, 아이 입장에서는 처음부터 끝까지 읽어야 할 '과제'로 느껴질 수 있다. 특히 와이키키 아이는 시각적 자극에는 반응하더라도, 그 흥미가 지속되기는 어렵다. 전집 전체를 한꺼번에 접하게 되면 오히려 책 자체에 대한 거부감이 생길 수 있다.

문제는 전집이라는 물리적 구성보다, 그 사용 방식에 있다. 부모는 고가의 전집을 사놓고 아이가 '당연히' 열심히 읽어주길 바란다. 기대가 높아질수록, 아이는 더 큰 부담을 느낀다. 이 성향의 아이는 정해진 틀 안에서 강제로 무엇을 해야 하는 상황을 극도로 싫어한다. 자유롭고 감각적인 독서를 선호하는 와이키키 아이에게 전집은 지나치게 경직된 틀로 다가온다. 결국 전집 자체가 문제가 아니라, 그 안에 담긴 부모의 기대와 강요가 아이를 지치게 만드는 것이다.

만약 이미 전집을 구입했다면, 접근 방식을 바꿀 필요가 있다. 책장을 책으로 가득 채워두기보다, 아이의 눈에 띄지 않는 곳에 보관하고 한 권씩 꺼내 보여주는 것이 좋다. 책을 읽을 때마다 스티커를 붙이는 등의 간단한 놀이 요소를 접목하면 반복 독서에도 흥미를 더할 수 있다. 책이 아이에게 재미있는 경험이 되어야 한다는 점을 잊지 말아야 한다.

진짜 독서 교육은 책을 사는 데서 끝나지 않는다. 일주일에 한 번 아이와 서점에 가는 것이, 전집 수십 권보다 더 효과적일 수 있다. 서점에서 자유롭게 책을 둘러보고, 아이 스스로 한 권을 고르게 해보자. 책은 놀이처럼 자연스럽게 접근해야 한다. 단, 이 과정에서도 주의할 점이 있다. 아이가 피곤하거나 기분이 좋지 않은데 억지로 서점에 데려가면, 서점이라는 공간 자체에 대한 인상이 나빠질 수 있다. 서점은 즐거운 공간이어야 하며, 함께 둘러보는 시간 자체가 놀이가 되어야 한다.

와이키키 성향의 아이는 순간적인 흥미가 중요하다. '3초 집중력'이라는 표현이 있을 만큼, 자극에 대한 반응이 빠르고 짧다. 이 아이들은 움직이거나 소리가 나는 책, 튀어나오는 그림책처럼 시각적·감각적 요소가 있는 책에 더 큰 흥미를 느끼기도 한다. 하지만 모든 아이가 자극적인 책만 좋아하는 것은 아니다. 아이의 실제 반응을 관찰하고, 감정에 귀 기울이는 세심함이 필요하다.

무엇보다 중요한 건 부모의 태도다. 부모가 스스로 책을 즐기지 않으면서 아이에게만 독서를 강조하는 모습은 아이에게 신뢰를 주지 못한다. 책은 공부의 수단이 아니라 삶의 일부여야 하며, 아이와 함께 책을 즐기는 부모의 모습은 가장 좋은 독서 교육이 된다. 말보다 행동이 더 깊은 영향을 미친다.

와이키키 성향의 아이는 재미와 자유 속에서 가장 잘 자란다. 독서역시 억지로 시켜야 할 일이 아니라, 즐겁고 자연스럽게 접근할 수 있는 활동이어야 한다. 아이가 책을 장난감처럼 느끼고, 읽는 행위 자체를 재미로 받아들일 수 있도록 환경을 조성하는 것. 그것이야말로 진짜 독서 교육의 출발점이다.

아이는 질문으로 자라는 존재 ───── ♦

의외로 아이에게 질문하지 않는 부모가 많다. "오늘 수업 어땠어?", "그 선생님은 너랑 잘 맞는 것 같아?", "재미있었어?"와 같은 간단한 질문조차 생략한 채, "공부니까 그냥 해"라고 말한다. 아이의 감정이나 반응은 고려되지 않고, 해야 하니까 하는 것이라는 식으로 학습을 밀어붙인다. 하지만 와이키키 성향의 아이에게 공부란 그 자체로 재미와 흥미가 있어야 의미가 생긴다. 이 아이들에게 있어 학습은 감정과 연결되어 있고, 재미와 연결되어 있다. 결국 아이의 마음을 묻고, 반응을 존중하며, 그 감각을 양육에 반영하려는 노력이 반드시 필요하다.

하지만 현실은 정반대다. 많은 부모가 아이의 감정을 이해하려 하기보다는 '엄마 아빠가 답을 알고 있다'는 태도로 접근한다. 아이가 질문을 던지기도 전에, 부모가 먼저 결론을 내려준다. 그러다 보니 아이는 스스로 생각하고 탐색할 기회를 점점 잃는다. 그러나 아이의 성장에서 가장 중요한 것은 바로 질문이다. 질문을 통해 아이는 자신을 들여다보고, 세상을 탐험하며, 생각하는 힘을 키워나간다.

문제는, 우리 사회의 교육 환경 자체가 오랜 시간 질문을 억압해왔다는 점이다. 정해진 정답 중 하나를 고르는 사지선다형 교육에 익숙한 부모 세대는 질문하는 법을 배우지 못했다. 그래서 자녀에게도 묻기보다는 정답을 정해주고, 그 길로 끌고 가려는 경향이 강하다. "이게 맞는 길이야", "그건 하지 마", "이건 나중에 도움이 돼"라는 말 뒤에는 부모의 기준과 기대가 담겨 있다. 하지만 그런 방식은 아이의 사고 능력을 확장시키기보다, 오히려 생각하지 않도록 만들고 만다.

　이런 환경에서 자란 아이들은 성인이 되어서도 스스로 결정하지 못한 채, 여전히 부모의 판단을 기다리는 경우가 많다. 상담실을 찾는 수많은 성인들이 "부모가 아직도 내 삶의 선택권을 쥐고 있다"고 말한다. 어떤 부모는 자녀가 월급을 받으면 "그 돈 가져와, 내가 굴려줄게"라고 말하고, 이성교제에까지 개입하기도 한다. 그렇게 자녀의 판단을 대신해주는 일이 반복되면, 아이는 결국 자신의 삶을 책임질 수 없는 어른이 된다. 문제는, 부모가 사라진 뒤에도 그 빈자리를 대신할 자기 내면의 기준이 없다는 점이다. 삶의 방향도, 돈을 다루는 방식도, 자신이 원하는 것이 무엇인지조차도 모른 채 흔들리게 된다.

　많은 부모가 자신이 '헌신적인 부모'라고 생각한다. '내가 이렇게까지 해줬다'는 뿌듯함이 사랑의 증거라고 믿는다. 하지만 그것은 아이를 이끄는 것이 아니라, 통제하는 것이고 대리 수행하는 것이다. 자녀를 위한 결정이 아니라, 부모가 원하는 방식대로 삶을 조종하는 것이다. 그 과정에서 부모는 '내가 더 잘 알기 때문에'라는 믿음에 빠지지만, 실상은 자녀가 주체적으로 살아갈 기회를 빼앗는 일에 다름 아니다.

　이 점에서 와이키키 성향의 아이는 특히 더 예민하게 반응한다. 이들은 부모가 주도하는 삶에 대해 강한 거부감을 느낀다. 무엇을 하든 그 안에 자율성이 담겨 있어야만 자기 동기가 작동하고, 에너지가 흐른다. 부모가 끊임없이 정답을 주는 관계 속에서는 아이가 자기 삶을 주도할 기회를 갖기 어렵다.

　게다가 부모와 자녀의 성향이 다를 경우 갈등은 더욱 심화된다. 예를 들어, 활화산 성향의 부모는 아이가 자신의 뜻대로 움직이지 않으면 쉽게 짜증을 내거나 분노를 폭발시키기도 한다. 반면, 와이키키 성향의 부모는 즐거움을 공유하는 데 익숙하기 때문에, 아이와 비교적 잘 맞는 경우가 많다. 즉흥적인 제안을 유쾌하게 받아들이고, 함께 신나게 시간을 보내는 데 큰 어려움이 없다. 그러나 미로 성향의 부모는 다르다. 갑작스러운 변화나 계획되지 않은 상황에 불안을 느끼고, 구조화된 일상 안에서만 안정을 추구한다. 이 경우 와이키키 아이가 즉흥적으로 던지는 제안조차 부모에게는 혼란으로 다가올 수 있다. 결국 아이는 "왜 엄마는 늘 내 제안을 거절하지?"라는 생각을 품게 되고, 부모는 "왜 이 아이는 이렇게 산만하고 계획성이 없지?"라고 반문하게 된다.

　이럴 때 필요한 것은 아이의 감정을 인정해주는 태도다. '재미있을 것 같아서', '새로워 보여서' 설레는 마음을 이해해주고, 아이가 즐거움을 통해 세상을 탐색할 수 있도록 도와주는 것. 그것이 와이키키 성향 아이의 삶을 건강하게 성장시키는 첫걸음이다. 억지와 통제보다는, 질문과 자율이 이 아이의 성장 에너지를 이끌어내는 핵심이다.

　결국 중요한 질문은 이것이다. '나는 어떤 기준으로 아이를 키우고 있는가?' 아이의 성향을 바라보기 전에, 부모로서 나 자신의 양육 태도를 돌아봐야 한다. 혹시 '내가 옳다'는 생각을 기준 삼아 아이를 통제하고 있지는 않은지. 양육의 뿌리는 아이가 아니라 부모의 생각에서 비롯된다. 그 기준이 바뀌어야, 비로소 아이도 자기 삶의 주인으로 자랄 수 있다.

와이키키 아이가 부담스러운 부모를 위한 조언 ──◆

미로 성향의 부모는 와이키키 아이를 어떻게 받아들일까? 미로 성향의 가장 중요한 가치 중 하나는 '안전'이다. 조용하고 예측 가능한 상황을 선호하며, 감정적으로도 섬세한 편이다. 그런 부모가 활발하고 에너지가 넘치는 아이를 마주했을 때 느끼는 감정은 '불안'이다. 아이가 다치진 않을까? 혹시 위험한 행동을 하진 않을까? 매 순간 걱정이 따라붙는다. 소금산 성향이 섞여 있다면, 그 활발함을 '예의 없음'으로 받아들이기도 한다. 반면, 지중해 성향을 가진 부모는 그런 행동을 큰 문제로 여기지 않을 수 있다. 이처럼 같은 아이의 행동도 부모의 성향에 따라 전혀 다른 의미로 해석된다.

미로 성향의 부모는 특히 아이가 시야에서 사라지는 것을 좋아하지 않는다. 항상 곁에 두고, 아이의 상태를 직접 확인해야 안심이 된다. 그렇기에 두 부모 모두 직장생활을 하고 있다면, 양육은 누가 할 것인지가 매우 민감한 문제가 된다. 조부모나 베이비시터 등 외부 도움을 받는 데 거부감을 느끼는 경우가 많다. 하지만 역설적으로, 이런 성향의 부모일수록 전문적인 도움을 받아 양육 부담을 분산하는 것이 더 건강할 수 있다. 지나치게 밀착된 양육은 아이에게도, 부모 자신에게도 심리적인 부담으로 작용할 수 있기 때문이다. 미로 성향은 아이의 작은 변화나 행동에도 쉽게 상처받고 불안을 느끼기에, 적절한 거리와 균형이 무엇보다 중요하다.

미로는 감정이 섬세하고, 걱정이 많은 기질이어서 아이를 잘 키우고 싶다는 욕심도 크다. 하지만 생각이 많고 마음이 무거운 만큼, 실제 몸을 움직이거나 즉각적으로 반응하는 데는 피로감과 귀찮음을 자주 느낀다. 물론 이는 개인차가 있긴 하지만, 특히 사막 성향이 섞인 경우엔 '일 중심' 사고가 강해져 아이 돌봄보다 다른 일에 더 집중하게 되는 경향이 나타난다. 머릿속은 늘 바쁘고, 현실의 육아는 뒷순위가 되는 것이다. 호수 성향이 섞인 경우에도 마찬가지다. 감정적으로 연결되는 데에는 강점이 있지만, 부부 관계가 원활하지 않을 때 그 감정이 안쪽으로 침잠하면서 기운을 잃기 쉽다. 감정의 에너지가 자꾸 바닥나면서, 아이에게 쏟을 수 있는 정서적 여력도 서서히 줄어든다.

그런 부모에게 와이키키 아이는 정말 쉬운 상대가 아니다. 이 아이들은 끊임없이 새로운 것을 원하고, 활동적이고, 에너지를 쏟아야 한다. 이 아이들이 가장 자주 내뱉는 말은 "심심해"다. 뭔가 재미있는 자극이 없으면 쉽게 지루해하고, 가만히 있지 못한다. 함께 놀아주고 관심을 주고, 에너지를 맞춰주는 일이 필수적인데, 부모의 기질상 이를 감당하기가 버겁다.

그렇기 때문에 이 경우에는 할머니나 다른 가족의 도움이 실제로 큰 역할을 하게 된다. 누군가는 이 아이의 넘치는 에너지를 받아주고, 정서적으로도 안정을 주는 역할을 해야 한다. 특히 부부 관계가 안정적이지 않거나, 서로 감정의 여유가 부족한 경우라면 더욱 그렇다.

결국 핵심은 하나다. 아이를 잘 키우려면, 부모가 기본적으로 정서적 안정 상태를 유지해야 한다. 부부가 안정감을 기반으로 서로를 인정하고 지지할 때, 아이 역시 그 틀 안에서 건강하게 자랄 수 있다. 하지만 그 안정이 흔들릴 때는, 가까운 사람들의 정서적·육체적 지원이 아이의 성장에 결정적인 차이를 만들 수 있다.

와이키키 아이들은 본질적으로 즐겁고 재미있게 살아가고 싶어 한다. 재미있고 유쾌한 소리에는 집중력이 높지만, 듣기 싫은 말이나 불쾌한 음성에는 매우 민감하게 반응한다. 부모로서 아이와 마주할 때, '예쁜 얼굴'일 필요는 없다. 중요한 건 '밝은 표정'과 '부드러운 음성'이다. 그 표정과 목소리가 곧 부모의 사랑과 긍정적인 에너지를 전달하게 된다.

와이키키 아이를 키우는 일이 반드시 어려운 것만은 아니다. 이 아이들이 지닌 천성과 본질을 이해하고, 그들이 지향하는 즐거움과 행복을 존중해주는 것이 첫걸음이다. 부모가 건강한 마음을 갖고, 밝고 긍정적인 에너지를 아이에게 전달할 수 있다면, 와이키키 아이는 스스로의 방식으로 삶을 즐기고 성장해 나갈 것이다.

내면의 복잡성을 가진 '미로' 아이

사춘기에 벗겨지는 '착한 아이' 가면 ── ◆

유독 키우기 까다롭다고 느껴지는 아이가 있다. 같은 말을 해도 반응이 다르고, 같은 지시를 받아도 늘 예측할 수 없는 방식으로 반응하는 아이. 바로 '미로 성향'일 가능성이 크다. 부모들은 종종 "도무지 이해가 안 된다", "똑같이 키웠는데 왜 이렇게 다를까"라고 말한다. 이런 혼란은 미로라는 성향이 가진 복잡하고 유동적인 특성에서 비롯된다.

부모는 종종 큰아이를 무난하게 키운 경험을 바탕으로, 둘째에게도 동일한 양육 방식을 적용하려 한다. 하지만 그렇게 하면 늘 같은 결과를 기대하기는 어렵다. 같은 부모에게서 태어나고 같은 환경에서 자란 형제자매임에도 불구하고, 아이마다 반응은 천차만별이다.

미로 성향을 가진 아이는 단순히 감정에 휘둘리는 아이가 아니다. 이 아이는 감정이 어떻게 움직이는지, 그 안에서 무엇이 상처가 되는지를 섬세하게 느끼고 기억한다. 따라서 단순히 기분을 달래거나 물질로 보상하는 방식은 효과가 없다. 미로는 감정을 이해받아야 진정되는 아이이며, 왜 그런 상황이 생겼는지 설명을 들으며 납득하고 관계를 다시 회복할 수 있다.

미로 성향의 아이는 무엇보다도 '안전'을 중요하게 여긴다. 보호받는다는 감각이 있어야 마음이 편하고, 누군가 자신을 지켜주고 있다는 확신이 있어야 일상도 안정된다. 하지만 보호막이 약해진다고 생각하면, 감정적으로 표현하거나 화를 내는 대신, 착한 아이로 남는 쪽을 선택한다. 그래야 자신이 이 집에서, 이 관계 안에서 살아남을 수 있다고 믿는 것이다.

그래서 미로 성향의 아이들은 대체로 착한 아이로 자란다. 겉으로 보기에 예의 바르고 말을 잘 듣는 아이. 누구나 그런 모습을 보며 이 아이가 원래 성격이 그러하다고 착각한다. 하지만 사춘기가 시작되면 그동안 쓰고 있던 가면을 휙 벗어버린다. 그리고 억눌렸던 감정과 욕구를 드러내기 시작한다. 부모는 당황스럽다. '우리 아이가 저런 아이가 아니었는데' 싶은 마음이 강하게 든다. 하지만 아이는 갑자기 달라진 것이 아니라, 그동안 자신을 억눌러왔던 것이다. 보호받기 위해 설명이 부족해도 참고, 감정을 억누르며 착한 아이로 남으려 했던 그 마음이 이제 한계에 다다른 것이다.

이런 상황에서 부모, 특히 엄마의 상태가 안정적이고 감정적으로 건강하다면 아이를 돌보는 일이 그렇게 어렵지 않을 수도 있다. 하지만 엄마가 호수 성향이라면, 불안감이 많고, 자기 감정의 기복을 잘 조절하지 못하는 경우가 많다. 그 불안은 곧 분노로 연결되고, 분노는 다시 아이에게 전달된다. 특히 남편에게서 심리적 지지를 받지 못한다고 느낄수록, 그 불안은 더 증폭된다. 이렇게 되면, 엄마는 자신의 감정조차 제대로 돌보기 어려운 상황에 놓이게 된다. 아이를 돌보는 일은 점점 버거워지고, 특히 미로처럼 섬세한 성향의 아이를 양육하는 데에는 더 큰 부담을 느끼게 된다. 만약 이 엄마가 직장까지 다닌다면, 상황은 더 복잡해진다. 일과 육아를 병행하면서도 감정을 잘 다스리고 아이의 정서를 세심히 살핀다는 것은 매우 고된 과제가 되기 때문이다.

만약, 호수 성향에 미로가 겹쳐 있는 경우라면, 외부의 도움이 필요하다. 친정이나 시댁, 또는 아이를 돌봐줄 수 있는 신뢰할 만한 사람이 없다면, 이 엄마는 금세 지치고 만다. 그렇게 지쳐버린 엄마는, 더 이상 아이의 감정까지 받아줄 여유가 없다. 그러한 피로와 감정은 결국 아이에게로 고스란히 전해진다. "엄마, 왜 그래?" 미로 성향 아이의 질문은 단순한 궁금증이 아니다. 미로 성향의 아이는 엄마의 작은 말투와 표정 변화에도 민감하게 반응한다. 그런데 그런 아이가 듣는 건 늘 짜증 섞인 말뿐이다. 엄마의 감정이 언어로 배어나올 때, 그 짜증은 아이에게 그대로 흡수된다.

"밥 먹어", "자자" 같은 말은 그 자체로 나쁜 말이 아니다. 오히려 일상적이고 평범한 말이다. 그런데 그 말이 "빨리 밥 안 먹어?", "언제 잘 거야?" 같은 짜증 섞인 말투로 표현된다면, 아이는 매번 부정적인 감정에 노출되는 셈이다. 말의 내용보다 말투가, 단어보다 감정이 더 깊이 각인된다.

호수와 미로 성향이 함께 있는 엄마는 쉽게 지친다. 사랑이 많지만 동시에 불안도 많다. 아이를 사랑하기 때문에 더더욱 피곤하다. 아이의 일거수일투족을 따라다니며 불안한 마음으로 케어하려다 보니, 결국 아이에게 그 피로와 짜증이 고스란히 전달된다. 그러면서도 아이가 조금만 자신의 기대와 어긋나면 또다시 상처를 준다.

아이 역시 점점 피로해진다. 엄마가 자기를 왜 피곤하게 대하는지, 왜 짜증을 내는지 알 수 없고, 자신이 뭔가 잘못했기 때문이라고 생각하게 된다. 그렇게 착한 아이 콤플렉스를 가진 채 자라난 미로 아이는, 어느 순간 말한다. "책임질 자신도 없으면서 왜 나를 낳았어?" 그 말 속에는 오래된 상처와 분노, 그리고 외면당한 감정들이 담겨 있다.

이런 아이를 건강하게 키우려면, 먼저 엄마 자신이 건강해져야 한다. 자기 감정을 인식하고, 내가 짜증을 내고 있다는 사실을 깨닫는 것부터 시작해야 한다. 그러나 이런 감정의 악순환은 엄마 한 사람의 문제가 아니라, 가족 전체 관계 속에서 반복되는 패턴일 수 있다. 결국 중요한 것은, 이 반복되는 감정의 고리를 어디서부터 끊을 것인가이다. 누군가 먼저 자기 감정을 들여다보고, 진심 어린 이해와 변화의 시도를 시작할 때, 가족 전체의 정서적 흐름도 조금씩 바뀌기 시작한다. 아이 한 사람의 문제가 아닌, 우리 모두의 이야기이기에 변화는 함께 이뤄져야 한다.

왜 그런지 설명이 필요한 아이 ──◆

미로 성향의 아이를 키우는 부모라면 반드시 기억해야 할 점이 있다. 이 아이들은 세상의 모든 것에 질문을 던진다. "엄마, 이건 왜 그래?", "아빠, 저건 왜 저래?" 단순한 궁금증이라기보다는, 마음이 놓이기 위한 질문이다. 이해가 되어야 안심할 수 있고, 납득이 되어야 행동할 수 있다.

처음엔 부모도 성심껏 답해준다. 아이 눈높이에 맞춰 설명하고, 반복되는 질문에도 인내하며 반응하려 노력한다. 하지만 질문은 끝이 없다. 설명을 해도 또 다른 궁금증이 이어지고, 같은 질문이 여러 번 반복되기도 한다. 시간이 지나면 부모는 서서히 지치기 시작한다. 결국 어느 순간, 짜증이 섞인 말이 튀어나온다. "왜 이렇게 맨날 묻니?", "그만 좀 물어봐." 이 짧은 반응 하나로 아이는 상처를 입는다. '질문해도 결국 답은 돌아오지 않는구나.' 이 경험은 미로 아이에게 혼란과 위축을 남긴다.

문제는 질문만이 아니다. 아이가 세상을 탐험하려 할 때도 부모는 본능적으로 막아서곤 한다.

"가지 마!", "거기 가지 말랬지!" 아이 입장에서는 지금이야말로 세상을 알아가고 싶은 때다. 그런데 부모의 제지는 아이의 호기심을 '위험'으로 바꾸고, 세상을 '닫힌 공간'으로 인식하게 만든다. 더 나은 방법은 '앞을 막는 것'이 아니라 '뒤에서 보호하는 것'이다. 아이가 다치지 않도록, 다른 사람에게 피해를 주지 않도록 조용히 따라가며 지켜보는 것이 보호자의 역할이다.

예를 들어, 아이가 산책 중 만난 반려견에게 손을 뻗으려 할 때, 대부분의 부모는 놀라서 아이를 제지한다. "만지지 마!" 하지만 그보다 필요한 것은 설명이다. "남의 강아지는 먼저 물어보고 허락을 받아야 해." 그리고 어른인 우리가 그 양해를 직접 구해주면 된다. "죄송합니다. 우리 아이가 강아지를 너무 좋아해서 그런데, 한 번 만져봐도 괜찮을까요?" 대부분의 사람들은 웃으며 허락해준다. 이 과정을 통해 아이는 세상은 막혀 있는 곳이 아니라, 물어보고 조율하며 이해받을 수 있는 공간이라는 것을 배운다.

이처럼 시도가 허락되고, 설명이 따라오는 경험은 아이에게 세상을 다시 손 내밀 용기를 준다. 하지만 많은 부모는 이 기회를 반복해서 차단한다. 아이가 뜨거운 물에 손을 대려 하면, "안 돼, 뜨거워!"라고 소리치고, 낯선 물건을 만지려 하면 "그거 남의 거야, 손대지 마!"라고 거칠게 제지한다. 물론 그 이면에는 '아이를 다치지 않게 보호하고 싶은 마음'이 담겨 있다. 하지만 아이는 그 진심을 읽지 못한다. 아이에게 남는 건 단 하나다. '왜 안 되는지 모른 채 제지당했다'는 경험. 그래서 같은 상황이 다시 왔을 때, 또다시 같은 행동을 반복하게 된다. 배움은 경험에서 오는데, 그 경험을 부모가 먼저 가로막아버린 것이다.

이러한 경험은 시간이 지나도 크게 달라지지 않는다. 중학생이 된 아이가 친구 관계로 고민하면서 부모에게 털어놓는다. 친구들이 자신을 따돌리는 것 같아 힘들다고 말한다. 그런데 아빠는 감정을 받아주기보다, 중립적인 태도로 반응한다. "네 말도 일리는 있지만, 친구들 입장도 있을 수 있지 않겠니?" 이 순간, 아이는 아빠는 내 편이 아니라고 생각하게 된다. 이해받고 싶어서, 감정을 나누고 싶어서 용기 내어 건넨 말에 정서적 지지 대신 판단이 돌아오면, 아이는 더 깊은 외로움을 느낀다.

미로 성향의 아이가 바라는 건 거창한 해결책이 아니다. 단지 자신의 감정을 있는 그대로 들어주고, 왜 그런 일이 생기는지 차근차근 설명해주는 것, 그것이면 충분하다. 자신의 이야기를 안심하고 꺼낼 수 있는 공간이 없다는 절망감은, 삶 자체를 무겁게 만든다.

이 아이에게 진짜로 필요한 건 '이해'다. 질문에 답해주는 것, 행동의 이유를 설명해주는 것, 감정을 판단하지 않고 수용해주는 것. 그것이 쌓여야 비로소 마음이 열리고, 세상에 대한 신뢰가 생긴다.

그러니 오늘도 아이가 "왜?"라고 묻는다면, 한숨을 참아가며 이렇게 시작해보자. "그러니까 말이지…"

그 한마디는 단순한 정보 전달이 아니다. 아이는 그 순간, 사랑받고 있다는 감각을 함께 받고 있는 것이다.

고요의 깊이를 지닌 '에베레스트' 아이

고요한 세계 속 자신만의 질서 ──── ◆

에베레스트 성향의 아이들은 무엇보다 '혼자 놀기'를 즐기는 특징을 지닌다. 자신의 세계에 깊이 몰입하며 조용히 시간을 보내는 것을 좋아하고, 타인의 간섭 없이 스스로 사고하고 행동하기를 원한다. 이러한 성향을 제대로 이해하지 못하면, 부모는 아이를 쉽게 오해하거나 다루기 힘들다고 느낄 수 있다. 에베레스트 성향은 겉으로 드러나는 표현이 많지 않다. 말수가 적고, 소리로 존재감을 드러내지도 않는다. 그래서 외향적인 아이들과 비교하면 조용하고 반응이 없는 듯 보여주목받지 못하거나, 때로는 무심하다는 오해를 받기도 한다.

　에베레스트 성향을 가진 아이의 집에 위인전 전집이 있었다. 대개 전집은 아이들이 그때그때 관심 있는 인물을 골라 읽지만, 이 아이는 달랐다. 위인전 1번부터 시작해 차례대로 읽기 시작했고, 7번까지 읽은 상태였다. 누구에게도 이야기하지 않았기에 부모조차 아이가 그렇게 책을 읽고 있다는 사실을 전혀 몰랐다. 그러던 어느 날, 옆집 아주머니가 학교 숙제 때문에 이순신 장군 위인전이 필요하다며 8번 책을 빌려달라고 부탁했다. 어머니는 흔쾌히 책을 건넸다. 겉보기에는 사소한 일이었지만, 정해진 순서대로 책을 읽던 이 아이에게는 이 일이 꽤 큰 충격으로 남았을 가능성이 높다. 자신만의 질서와 계획이 무너졌기 때문이다. 이처럼 에베레스트 성향의 아이들은 자신만의 방식과 리듬을 가지고 있다. 세세하게 말로 표현하지는 않지만, 스스로 정한 규칙과 흐름 안에서 질서 있게 세상을 살아간다. 그 질서를 부모가 인정하지 않거나 무심코 무너뜨릴 경우, 겉으로는 아무 말도 하지 않아도 아이의 내면에서는 조용한 갈등이 시작된다.

　아이는 학교에서 돌아오자마자 분노에 찬 얼굴로 집에 들어와 엄마에게 물었다. "내 이순신 장군 책, 8번 책 어디 갔어요?" 엄마는 태연하게 옆집에 빌려줬다고 대답했다. 그 말을 들은 아이는 즉시 강하게 반발했다. "왜 내 책을 마음대로 빌려줘요? 지금 당장 8번 읽을 거였단 말이에요. 당장 가져오세요!" 이 반응에 엄마는 당황했다. 아이가 너무 예민하게 굴고 있다고 느꼈고, 평소와 다른 모습에 아이가 이상한 건 아닌지 의심했다. 엄마는 "그냥 다른 권을 먼저 읽으면 되지 않느냐", "빌려준 걸 다시 가져오라고 할 수는 없지 않느냐"라고 말했다. 그러나 아이는 받아들이지 않았다. "나는 순서대로 읽어야 해요. 지금은 8번이 필요한 시간이에요." 아이에게는 책의 순서가 의미 있고, 그것을 지키는 것이 매우 중요했다. 그리고 무엇보다, 자신의 동의 없이 소중한 물건을 다른 사람에게 건넨 일은 아이에게 받아들이기 힘든 일이었다.

책은 엄마가 사준 것이지만, 그 소유권과 권리는 아이에게 있다. 이 경우, 엄마는 빌려주기 전에 반드시 아이의 동의를 구했어야 했다. 에베레스트 성향의 아이는 질서와 규칙을 매우 중시한다. 자신이 정한 기준에 따라 행동하며, 그 순서를 침범당하는 것을 무례한 간섭으로 받아들인다. '8번 책'을 그날 읽는 것은 단순한 독서가 아니라, 자신만의 계획과 흐름을 실현하는 중요한 절차였던 것이다. 결국 엄마는 옆집 아주머니에게 사정을 설명하고 책을 돌려받아 아이에게 건넸지만, 그날의 경험은 엄마에게도, 아이에게도 깊은 인상을 남겼다. 엄마는 아이의 반응을 이해할 수 없다며 당혹스러워했다.

그러나 아이의 이런 반응은 매우 자연스러운 것이다. 에베레스트 성향의 아이는 외형적으로는 조용하지만, 자기 세계에 대한 통제 욕구가 강하다. 책상 위가 아무리 어질러져 있어도 그 안에는 아이만의 규칙과 정돈 방식이 존재한다. 엄마의 눈에는 지저분해 보일 수 있지만, 아이에게는 분명한 질서가 있다. 따라서 물건을 정리하거나 치운다는 명목으로 아이의 공간을 건드리는 것은 큰 갈등의 원인이 될 수 있다. 이는 비단 아이에게만 해당하는 문제가 아니다. 성인이 된 에베레스트 역시 자신의 물건을 타인이 함부로 정리하거나 치우는 것을 극도로 불쾌하게 여긴다. 설령 가족이라 해도, 그 경계는 지켜져야 한다. 아이든 어른이든, 에베레스트 성향을 가진 이들은 자신만의 질서와 고요한 공간을 필요로 한다.

엄마가 소금산 성향일 경우, 이러한 차이는 더욱 도드라진다. 소금산은 실용성과 효율을 중시하고 주변 환경을 정리정돈하는 데 익숙하다. 하지만 에베레스트는 다르다. 정돈보다는 흐름과 몰입을 중시하며, 그 흐름을 방해받을 때 강한 거부감을 느낀다. 아이든 배우자든, 에베레스트 성향의 사람을 이해하려면 무엇보다 그들의 '자기 공간'을 존중하는 태도가 필요하다. 그들에게 물건은 단순한 소유물이 아니라, 스스로의 질서와 생각이 응축된 세계의 일부이다. 그렇기에 그 세계에 침입하지 않는 것, 그 자체가 배려이자 존중이다.

많은 부모가 아이에게 물건을 사주었기 때문에 그 소유권 또한 자신에게 있다고 여긴다. "니 물건이 어딨어? 내가 사줬잖아.", "정리를 했어야지.", "엄마가 다 해줬지, 네가 한 게 뭐 있어?" 이러한 말은 부모가 자주 무의식적으로 하는 표현이다. 그러나 아이의 입장에서 볼 때, 물건의 소유권은 이미 자신에게 넘어간 상태이다. 문제는 이처럼 부모가 물건을 기준으로 권리를 주장하면서, 아이를 '하나의 인격체'로 보지 않고 '소유물'처럼 다루게 되는 데 있다. 이로 인해 사소한 일에도 다툼이 잦아지고, 부모는 아이가 말을 안 듣는다고 생각하게 된다. 그러나 이는 아이가 '자신의 권리를 침해당했다'고 느끼기 때문에 반응하는 정당한 표현일 수 있다.

이 점에서 중요한 것은, 물건을 사준 주체와 그 물건의 소유권은 구분되어야 한다는 점이다. 장난감이든, 옷이든, 책이든, 그것이 일단 아이의 손에 들어가면 '아이의 물건'이 된다. 이후 그 물건을 타인에게 양도하거나 정리하려면 반드시 아이의 동의를 구해야 한다. "너 이거 안 쓰잖아, 이제 필요 없잖아"는 판단은 어디까지나 부모의 기준이며, 아이에게는 전혀 다를 수 있다. 이런 기본적인 존중은 에베레스트 성향의 아이에게는 더욱 절실하다. 하지만 이 원칙은 모든 성향의 아이에게 적용될 수 있는 보편적 양육 기준이다. 아이의 독립성과 감정권을 지키기 위해서라도, 물건을 다루는 방식에서부터 존중의 태도를 실천해야 한다.

성향이 다른 부모와 에베레스트 아이의 만남 ──◆

에베레스트 성향의 아이는 호수 엄마와 소금산 아빠의 조합 속에서 잦은 충돌을 경험할 수 있다. 이 조합은 부모와 자녀 간 성향의 간극이 클 때 나타나는 전형적인 사례로, 서로의 사고방식과 감정 반응이 엇갈리기 쉬운 구조다. 실제로 아이들은 부모와 닮지 않은 성향으로 태어나는 경우가 많고, 전혀 다른 세계를 지닌 채 가족이 되곤 한다.

한 에베레스트 성향의 남자아이가 있다. 이 아이는 감정적인 교류와 애정 표현을 갈망하는 호수 엄마와, 표현은 풍부하지만 주로 지적이나 잔소리로 이어지는 소금산 아빠 사이에서 자라났다. 부모의 성향 자체가 다르기 때문에 양육 과정에서 충돌이 잦았고, 특히 소금산 아빠는 자신의 성실함과 규율 중심의 사고를 기준으로 아이를 바라보다 보니, 사유가 깊고 반응이 느린 아이의 기질을 답답하게 여겼다.

이러한 가족 구조 속에서 에베레스트 아이는 자신의 생각이나 존재가 존중받지 못한다는 인식을 갖게 된다. 소금산 아빠는 "나는 맞고 너는 틀리다"는 식의 태도로 아이를 대하며, 자신의 방식이 절대적이라는 전제 아래 지도하려 한다. 이는 아이의 자연스러운 사고 흐름을 방해하고, 자율성과 정체성 형성을 어렵게 만든다.

호수 성향의 엄마도 또 다른 방식의 어려움을 겪는다. 남편과의 관계에서 정서적 결핍을 느끼는 경우, 아들과의 감정적 유대를 통해 그 결핍을 메우려는 경향이 생긴다. 엄마는 아들과 가까이서 감정적 교류를 나누고 싶어 하지만, 에베레스트 아이는 감정보다는 독립적인 시간을 중시하며 자신의 내면에 머무르려 한다. 엄마는 점차 아들이 냉정하고 차갑게 느껴지고, 정서적 연결을 시도해도 반응이 약하자 서운함을 쌓아간다. "엄마 사랑해?"라는 질문에도 아이는 어릴 때는 응답하지만, 학년이 올라가고 자율성이 강해질수록 그 질문을 귀찮아하거나 의미 없게 받아들인다. 이 무렵부터 엄마는 남편에게서 느꼈던 정서적 고립감과 비슷한 감정을 아들에게서도 느끼게 된다.

이러한 정서적 패턴이 지속되면, 엄마는 결국 '남편 복도 없고, 아들

복도 없다'는 피해의식 속에 머물게 될 수 있다. 반면, 아이는 조용하면서도 깊이 있는 사고력을 지닌 독립적인 인격체로 성장하지만, 외부의 강압이나 정서적 억압은 그의 건강한 성장에 걸림돌이 될 수 있다. 에베레스트 아이에게 가장 필요한 것은, 그의 사고 방식과 존재 자체를 있는 그대로 존중해주는 태도다.

에베레스트 아이는 시키면 겉보기엔 잘 따르는 것처럼 보일 수 있다. 하지만 그것은 단순한 복종이 아니라, 스스로 납득하고 그 일에 의미를 부여했을 때 비로소 진정한 몰입과 성과가 가능한 것이다. 이 아이의 행동을 긍정적으로 변화시키고 진정한 성장을 이끌어내기 위해서는, 그의 고유한 속도를 인정하고 내면의 깊이를 이해하려는 부모의 태도가 무엇보다 중요하다.

아이의 엉뚱함을 존중하면 생기는 일 ──── ♦

에베레스트 성향의 아이들은 어릴 때부터 엉뚱하고 독특한 질문을 많이 던진다. 그들의 생각은 논리적이지만 예측하기 어렵다. 그러나 그 질문이야말로 아이의 '살아 있는 사고'를 보여주는 강력한 신호다. 부모가 이러한 질문에 여유 있게 반응하고, 아이가 스스로 시도하고 탐구할 수 있는 기회를 주었을 때, 아이는 자신만의 방식으로 세상을 깊이 이해하며 자라날 수 있다. 그리고 그 과정에서 얻은 경험은 자신을 있는 그대로 수용할 수 있는 단단한 자존감의 뿌리가 된다.

에베레스트 성향의 아이는 종종 아인슈타인과 같은 인물을 떠올리게 한다. 독특하고 엉뚱하며, 사람들과 어울리는 것보다 혼자만의 세계에 몰입하는 시간을 더 많이 필요로 하는 아이이다. 이러한 특성은 종종 사회성이 부족하다는 오해로 이어지기도 한다. 하지만 이들은 사회성이 없는 것이 아니라, 사회적 관계를 좀 더 구조화된 방식으로 학습할 기회가 필요한 것뿐이다. 사람을 좋아하고 관계를 쉽게 맺는 기질로 태어난 아이들과는 다르게, 에베레스트 아이들은 사람을 받아들이고 사회 속에서 자신만의 자리를 찾는 데 시간이 걸릴 수 있다.

모든 아이가 다중지능을 고르게 가지고 태어나는 것은 아니다. 어떤 아이는 언어적 재능이 뛰어나고, 어떤 아이는 감정 조절이 탁월하며, 또 어떤 아이는 추상적 사고에 강점을 가진다. 중요한 것은 부모가 아이의 이러한 각기 다른 능력치를 제대로 이해하고, 상대적으로 부족한 영역은 다양한 경험을 통해 천천히 확장시켜주는 것이다. 그래야 아이가 특정 능력에만 치우쳐 지치거나 위축되지 않고, 삶의 다양한 측면에서 균형 감각을 익힐 수 있다.

에베레스트 아이를 키울 때 부모가 반드시 기억해야 할 가장 중요한 태도는 '존중'이다. 아이가 어떤 제안을 했을 때, "안 돼" 혹은 "하지 마"와 같은 단호한 반응은 그들의 창의성과 사고 흐름을 꺾는 가장 빠른 길이다. "엄마, 밥에 두유를 넣으면 어떤 맛이 날까?"처럼 어른의 귀에는 엉뚱하게 들리는 말일지라도, 그 안에는 아이 자신만의 순수한 탐구 욕구가 담겨 있다. 그 순간 부모가 짜증을 내거나 단호히 거절한다면, 아이는 '내 생각은 의미 없다'는 결론을 내리고 더 이상 질문하거나 시도하지 않게 될 수 있다.

물론 일상의 바쁨 속에서 아이의 엉뚱한 시도를 모두 받아줄 만큼 여유를 갖는 일은 쉽지 않다. 부모도 인간이기에 아이가 무언가를 시도했을 때 치워야 할 것, 엎지를 것, 실패할 것이 먼저 떠오르는 것이 인지상정이다. 하지만 한 걸음 물러서서 '이 아이는 지금 실험 중이다'라는 시선으로 바라보면, 그 여유는 단순한 인내가 아니라 아이 성장의 귀한 마중물이 된다. 아이의 엉뚱함을 무해한 시도로 존중해 주는 것, 그것이 에베레스트 아이를 제대로 이해하는 첫 번째 걸음이다. "그래, 한번 해보자"라는 단 한 번의 긍정적인 반응이 아이의 자존감과 창의력, 그리고 부모에 대한 깊은 신뢰를 견고히 쌓아가는 기초가 될 수 있다.

따뜻한 감수성의 '지중해' 아이

지중해 아이의 따뜻함, 상처받지 않으려면 ── ◆

지중해 성향을 가진 아이는 기본적으로 따뜻하고 배려심이 깊다. 어릴 때부터 부모를 걱정하고, 주변을 세심하게 살피며 살아간다. 그러나 이 따뜻함은 때때로 아이에게 상처가 되기도 한다. 부모가 아이의 배려와 희생을 '당연한 것'으로 여기고, 그것을 일종의 '의무'처럼 받아들이는 순간부터 아이는 점차 자신을 지우고, 부모의 기대에 자신을 맞춰나간다.

상담했던 사례 중 활화산 성향의 아버지와 소금산 성향의 어머니가 있었다. 이 부부의 아들은 지중해 성향을 거의 온전히 갖고 있었다. 와이키키 성향이 약간 섞여 있긴 했지만, 성격의 주된 기조는 분명히 지중해였다. 반면 부모는 모두 빠르고 강한 기질을 지니고 있었다. '빨리빨리'가 일상어처럼 사용되는 가정에서, 조심스럽고 신중한 아이의 느릿한 행동은 부모에게 늘 답답함의 대상이 되었다.

이 아이는 친구를 사귈 때에도 자기 것을 먼저 내어주는 방식으로 관계를 시작했다. 먹을 것이 많으면 친구들과 나누고, 자신이 가진 것을 기꺼이 베풀며 관계를 맺었다. 그러나 부모는 이런 성향을 깊이 이해하지 못했다. 다그치고 화를 내며, 아이의 느린 템포와 감정 중심의 반응을 지적했다. 그 결과 아이는 점점 스스로를 '필요 없는 존재'라고 느끼게 되었다.

한 번은 상담하는 자리에 부모와 이모가 함께 참석한 적이 있었다. 나는 부모에게 조심스레 말했다. "이 아이에게 절대로 해서는 안 되는 말이 있습니다. 바로 '너 같은 놈 필요 없어'라는 말입니다." 어머니는 놀란 눈치였고, 이모는 웃음을 터뜨렸다. 알고 보니, 며칠 전 실제로 어머니가 이 말을 했고, 이후 아이는 집을 나가 사흘 동안 연락이 두절되었다. 결국 부모가 애를 태우며 아이를 찾아 다시 데려온 상황이었다.

지중해 성향의 아이에게 '너 같은 놈 필요 없어'라는 말은 단순한 비난이 아니다. 존재를 부정당하는 감정으로 받아들여진다. 이 아이들은 누군가에게 필요한 존재가 되고 싶어 한다. '네가 있어서 다행이야',

'너의 도움이 필요해'라는 말은 그 자체로 아이의 자존감을 세워주는 언어다. 반면, '쓸데없는 짓'이라는 반복적인 부정은 아이의 존재 자체를 흔들게 만든다.

상담 중 어머니는 "우리 아들은 이기적인 아이라서 동생을 챙긴 적이 없다"고 말했다. 그러나 이모는 강하게 반박했다. "어릴 때 얼마나 잘 챙겼는데. 언니 정말 너무하네." 아이는 분명 어릴 때 동생을 돌보고, 가족을 위해 애썼을 것이다. 하지만 부모는 아이의 조용하고 느린 태도를 '무책임'하거나 '게으름'으로 해석했고, 그런 해석이 쌓이면서 부모는 점차 부정적인 언어로 아이를 대하게 되었다.

문제는 이처럼 반복되는 언어가 아이의 정체성에 영향을 미친다는 점이다. 아이는 자신의 따뜻한 성향이 오히려 지적과 비난의 대상이 되는 상황에서, 스스로를 쓸모없는 존재로 여기게 된다. 하지만 아이는 내면적으로는 책임감이 강하고, 도움을 주는 존재가 되고 싶어 하는 진심을 품고 있었다. 나는 아이에게 조심스럽게 물었다. "사회에서 너처럼 필요한 사람이 되려면 어떤 직업이 좋을까?" 아이는 망설임 없이 "경찰이나 119 구조대요"라고 대답했다. 그 순간, 나는 확신하며 "그래, 맞아. 너 같은 사람은 반드시 필요해. 세상은 네가 꼭 있어야 돼. 경찰이 되면 너는 이웃을 지키는 존재가 될 수 있어. 매달 안정적인 수입을 벌고, 가족에게 든든한 아빠가 될 수도 있고 말이야."라는 말을 건넸다.

그리고 부모에게도 단호하게 당부했다. "이 아이를 비난하지 마세요. 아이가 자기 힘으로 일어설 수 있도록 믿고 맡겨주세요."라고. 이후 아이는 경찰행정학과를 목표로 공부를 시작했다. 이름난 대학은 아니었지만, 아이에게는 명문대보다 더 중요한 목표였다. 누군가에게 필요한 존재가 되는 것. 그것이 지중해 성향의 아이에게는 최고의 성장 동력이었다.

부모에게는 아이의 성장을 위해 무엇보다 '존중'이 필요하다. 아이를 고치려 하기보다, 있는 그대로의 기질을 인정하고 기다려주는 태도가 중요하다. 아이가 조금 느리더라도 기다려주는 것, 그 느림을 있는 그대로 존중하는 것이 결국 건강한 자아 형성의 밑거름이 된다.

지중해 성향의 아이에게 가장 해로운 말은 "안 돼", "하지 마", "그렇게 하면 안 된다고 했지?"와 같은 단호하고 지시적인 언어다. 이런 언어는 감정적으로 예민한 아이에게 위협처럼 느껴진다. 물론 모든 아이에게 해로운 언어지만, 지중해 성향의 아이에게는 특히나 큰 상처로 남는다.

이 아이들은 누구보다 사람 사이의 온기를 갈망한다. 그리고 자신이 그 온기를 전할 수 있는 존재라는 확신이 있을 때, 그 어떤 아이보다 더 깊고 단단한 책임감으로 성장할 수 있다. 부모가 해야 할 일은, 그 따뜻함을 있는 그대로 지켜보고, 아이가 자기 방식으로 세상과 연결될 수 있도록 지지해주는 것이다.

'안 돼'라는 말 대신 필요한 태도 ── ♦

아이에게 '안 돼'라는 말을 반복하는 양육은, 정서적으로 결코 긍정적인 영향을 주기 어렵다. 아이가 무언가를 하려 할 때, 부모는 우선 그 행동의 배경을 물어보고, 아이의 생각을 존중하는 태도를 가져야 한다. 특히 감수성이 섬세하거나 반응이 느린 아이일수록 부모의 여유 있는 기다림이 필요하다. 기다림은 아이에게 주는 가장 큰 선물이다.

예를 들어, 아이가 뜨거운 물건에 손을 대려 한다면, "안 돼!"라고 외치기보다는 "한 번 살짝 만져볼래? 얼마나 뜨거운지 느껴보자"라고 말해주는 편이 더 효과적이다. 물론 위험한 상황은 사전에 철저히 예방해야겠지만, 감각을 통해 스스로 깨닫고 배우는 경험은 오래 남는다. 아이는 그 체험을 통해 신체적 경계와 판단력을 함께 익히게 된다.

공공장소에서도 마찬가지다. 식당에서 아이가 뛰어다닐 때, 대부분의 부모는 "뛰지 마!", "안 돼!"라고 다그친다. 그러나 그보다는 조용히 아이를 따라다니며 위험하지 않도록 살피고, 혹시 누군가의 식사를 방해했을 때 제지당하는 경험을 통해 아이가 스스로 깨달을 수 있도록 돕는 것이 좋다. 아이가 부끄러움을 느끼고 스스로 돌아오는 그 순간이, 바로 가장 강력한 배움의 시간이다.

물론 이런 상황에서 부모는 마음이 불편할 수 있다. 내 아이가 남에게 꾸중을 듣는 장면은 불쾌하고 속상하다. 그러나 그 감정을 아이에게 분노로 쏟거나, 타인에게 공격적으로 반응하는 태도는 적절하지 않다. 그런 반응을 보이는 부모의 태도를 보며 자란 아이는 타인을 존중하는 법을 배우지 못한다. 아이는 부모가 타인을 어떻게 대하는지를 통해 관계의 윤리를 체득한다.

존중은 말로 가르칠 수 없다. 존중은 보여줘야 한다. 아이가 타인을 배려하고 존중하는 사람으로 자라기를 바란다면, 부모가 먼저 그런 삶을 살아야 한다. 아이는 부모의 말보다 행동을 보고 배운다. 말이 아닌 몸짓과 태도, 그 모든 작은 실천들이 아이의 세계를 넓히는 진정한 교육이다.

부모는 자신이 아이에게 어떤 태도를 보이고 있는지 점검할 필요가 있다. 가장 실질적인 방법 중 하나는 일상 속 대화를 녹음해보는 것이다. 요즘은 스마트폰 녹음 기능이 탁월하기 때문에, 자연스러운 일상 대화를 녹음하고 다시 들어보면, 내가 어떤 말투로 아이와 소통하고 있는지, 무심코 어떤 언어로 억압하고 있는지를 객관적으로 확인할 수 있다.

이런 점검은 단지 아이를 위한 것이 아니다. 부모 자신이 더 건강한 삶을 살아가기 위한 자기 훈련이기도 하다. 아이가 어릴 때는 양육의 방향이 막막하고, 당장의 결과가 보이지 않아 답답할 수 있다. 하지만 작은 실천들이 쌓이면, 아이가 성인이 되었을 때에도 부모와 자식 간의 관계는 건강하게 유지될 수 있다.

아이의 내면은 부모의 태도 속에서 만들어진다. 아이를 건강하게 키운다는 것은 곧 부모 자신의 삶을 정돈해가는 일이기도 하다. 그 결과는 결국 부모 자신에게 되돌아온다. 지금 이 순간이 곧 미래를 만든다.

깊은 감정을 품은 '호수' 아이

아이의 언어 속 숨겨진 성향 읽기 ────◆

아이의 성향을 파악하는 가장 쉬운 방법 중 하나는 평소에 자주 사용하는 말을 살펴보는 것이다. 아이의 언어에는 그 아이의 성향이 고스란히 담겨 있다. 예를 들어, 와이키키 성향의 아이는 "엄마, 심심해", "재미없어" 같은 말을 자주 한다. 이 성향은 즐거움과 자극이 삶의 동력이 되는 유형이다. 지중해 성향의 아이는 "뭐 도와줄까?", "이거 같이 하자"처럼 타인을 배려하며 관계를 만들어가는 말을 자주 한다. 반면, 호수 성향의 아이는 전혀 다른 언어 패턴을 보인다. "엄마, 나 사랑해?", "아빠, 나 좋아해?", "누나보다, 동생보다 나를 더 사랑해?" 같은 표현을 반복한다. 이는 단순한 호기심이 아니라, 정서적인 확신을 받고 싶은 욕구에서 비롯된 것이다. 사랑이 여전히 유효한지, 자신이 소중한 존재로 여겨지고 있는지를 끊임없이 확인받고 싶어 한다. 여자 아이라면 "엄마, 나 예뻐?"라는 말로 그 감정을 표현하기도 한다. 이는 외모에 대한 관심보다는, '사랑받고 있느냐'는 감정적 질문인 경우가 많다.

호수 성향의 아이들은 사랑과 감정 교류를 삶의 중심 가치로 여긴다. 그래서 정서적으로 불안정하거나 사랑을 충분히 받지 못한다고 느끼면 징징거림이나 예민한 반응이 더 자주 나타난다. 아침부터 "엄마~" 하고 늘어지는 목소리로 부르거나, 작은 일에도 서운해하며 감정을 드러내는 경우가 많다. 어른의 눈에는 투정처럼 보일 수 있지만, 이는 아이만의 방식으로 사랑과 관심을 요청하는 표현이다.

하지만 부모가 아이의 이러한 표현을 제대로 이해하지 못할 경우, 갈등은 쉽게 발생한다. 실제 상담 사례 중 하나로, 소금산 성향의 엄마와 에베레스트 성향의 아빠 사이에서 호수 성향의 딸을 키우고 있는 가정이 있었다. 소금산 성향의 엄마는 규칙과 효율을 중시하고, 감정 표현보다는 행동과 결과에 집중하는 경향이 있었다. 반면, 딸은 감정적인 유대와 따뜻한 교감을 갈망했다.

딸이 엄마에게 사랑을 표현하고 확인받으려 할수록, 엄마는 "왜 또 칭얼거려?", "뭐가 문제야?"라는 반응을 보였다. 아이는 반복해서 거절당하는 느낌을 받았고, 엄마는 점점 피로감을 느꼈다. 이 악순환은 결국 아이의 예민함을 키우고, 엄마는 점점 감정을 피하게 되는 방향으로 굳어졌다. 갈등은 쌓이고, 아이의 정서는 깊은 상처를 안게 된다.

호수 아이는 결코 특별한 것을 원하는 것이 아니다. 자신의 감정이 존중받고 있다는 감각, 부모의 시선과 마음이 자신을 향하고 있다는 확신이 필요할 뿐이다. 부모와 아이의 성향이 다르더라도, 아이가 자주 사용하는 언어와 그 이면의 감정을 이해하려는 노력이 있다면, 관계의 벽은 낮아질 수 있다.

정서적 안정감을 주는 따뜻한 말과 눈빛 ──◆

호수 성향의 아이에게 가장 강력하게 작용하는 사랑의 언어는 눈맞

춤과 따뜻한 말이다. 단순히 돌보는 것 이상으로, 정서적인 교류를 통해 아이는 안정감을 얻는다. 특히 부모가 감정 표현에 익숙하지 않은 성향일수록, 의식적인 실천이 필요하다.

소금산 성향의 엄마가 다섯 살짜리 호수 아이를 키우고 있었다. 남편은 와이키키 성향이었고, 육아와 부부 관계 모두에서 지쳐 있었다. 엄마는 아이의 반복되는 감정 표현을 '징징거림'으로 받아들였고, "그만 울어", "왜 또 우니?" 같은 말이 습관처럼 나왔다. 아이는 상처를 받았고, 엄마는 죄책감과 피로 사이에서 흔들렸다.

그녀에게 내가 건넨 조언은 하나였다. "당신은 소금산 성향이니, 의식적으로 방식부터 바꿔야 합니다. 지금 필요한 건 효율이 아니라 연극입니다." 예를 들어 아침에 아이를 깨울 때, 커튼을 갑자기 확 열지 말라고 했다. 출근 준비로 바쁜 엄마는 자연스럽게 서두르지만, 호수 아이에게는 그런 방식이 충격으로 다가올 수 있다. 침실로 조용히 들어가, 심장에서 먼 다리부터 살짝 두드리며 "아이고, 예쁜 내 딸. 잘 잤어?"라고 다정하게 말해주길 권했다. 급한 마음에도 불구하고 그 과정을 연극처럼 실천해야 한다. 커튼도 살짝 열어 햇살이 스며들게 하고, "햇빛이 들어오네. 우리 딸 일어나자"라고 부드럽게 말을 건네는 것이다. 아이는 여전히 징징거린다. "조금만 더 잘래. 1분만." 그 말에 맞춰 조율하며 아이를 깨운다. 아침 식사는 먹기 좋게 주먹밥 세 개 정도를 준비하고, "소시지 넣었어. 네가 좋아하잖아"라고 말해주는 것도 좋다. 사랑은 이런 작은 실천에서 전해진다.

하원 시간에도 섬세함이 필요하다. 어린이집 앞에서 아이들이 우르르 내릴 때, 어떤 엄마는 과도한 리액션을 보이고, 또 어떤 엄마는 무심하게 "왔어?"라고 말한다. 호수 아이는 둘 다 힘들다. 과한 반응도, 무반응도 상처가 된다. 조용하지만 따뜻한 눈빛과 말투—그 사이의 균형이 중요하다.

이 성향의 아이에게는 '눈 맞춤'이 무엇보다 중요하다. "엄마, 나 봐줘"라고 부르면, 손을 멈추고 아이의 눈을 봐주는 태도. 그것이 곧 사랑의 언어다. 반대로, "지금 바빠"라며 외면당한 순간, 아이는 자신이 사랑받지 못한다고 느낄 수 있다.

또 하나 중요한 점은, 아빠의 역할이다. 특히 딸아이의 경우, 아빠가 무관심하거나 표현이 부족하면, 이성에 대한 지나친 집착이나 애착의 왜곡이 생길 가능성이 있다. 남자아이 역시 엄마로부터의 애착이 과도하면 자립심 형성에 어려움을 겪는다. 어린 시절의 양육 방식은 성인이 된 후 정서적 성숙과 관계 형성에 지대한 영향을 미친다. 아빠가 딸에게 "예쁘다", "사랑한다"는 말을 자주 건넨다면, 아이는 정서적으로 훨씬 안정적으로 자란다. 반대로 그런 표현 없이 자란 아이는 사랑에 대한 결핍을 오래 안고 살게 된다.

결국 호수 성향의 아이에게 가장 중요한 것은 '감정의 교류'다. "사랑해", "너 덕분에 엄마는 행복해" 같은 말은 단순한 인사가 아니다. 아이에게는 세상을 살아갈 힘이 된다.

비슷한 고민은 다른 성향의 부모에게서도 나타난다. 활화산 성향의 엄마가 세 살 아이를 키우고 있었다. 그녀는 하루에도 수십 번씩 "안 돼"라는 말을 썼다. 일주일 동안 "안 돼"라는 말을 쓰지 말라는 과제와 함께 무의식중에 자신이 몇 번이나 그 말을 사용하는지 점검해보라고 했다.

일주일 후, 그녀는 놀란 얼굴로 돌아왔다. 무의식적으로 "안 돼"를 한 시간에 여덟 번이나 말했다는 사실에 충격을 받았다고 했다. 이후 그녀는 대안을 찾기 시작했다. 어린이집에서는 "하지 않아요"라는 표현을 사용한다고 들었다. 부드럽고 정중한 말투로 통제하는 방식이었다. 하지만 여기서 한 가지를 더 짚었다. 말투가 아무리 부드러워도, 그 속에 담긴 메시지가 '금지'와 '통제'라면 아이는 여전히 억압을 느낀다. 더 바람직한 방식은 "해보자", "해봐도 괜찮아", "같이 해볼까?"처럼 아이의 자율성과 내적 동기를 자극하는 표현을 사용하는 것이다. 아이가 실수할 여지를 열어두고, 부모가 함께 그 과정을 겪는 태도. 그것이 아이의 내면을 지지하는 언어다.

그녀는 처음엔 "하지 않아요"라는 말조차도 어색했다고 한다. 아이에게 그 말을 건네는 자신의 모습이 낯설고 쑥스럽게 느껴졌기 때문이다. 늘 "안 돼", "하지 마"라고 말해오던 익숙한 방식에서 벗어나는 일은 생각보다 쉽지 않았다. 하지만 작고 어색한 시도를 반복하면서, 그녀는 아이의 반응이 조금씩 달라지는 것을 느꼈다. 이전에는 울거나 반항하던 아이가 "왜 그런데?"라고 되묻기 시작했고, 그 질문을 통해 서로의 감정을 설명하고 이해하는 대화가 열렸다.

이처럼 우리가 사용하는 언어는 오랜 습관처럼 굳어져 있기에, 의식적으로 바꾸지 않으면 바뀌지 않는다. 단순히 정보를 알고 있는 것만으로는 아이와 연결될 수 없다. 아이의 성향을 이해한다는 것은 지금 아이가 무엇을 느끼고 있으며, 어떤 방식으로 사랑을 표현하고 요구하는지를 알아차리는 일이다. 그리고 그 요구를 판단하거나 수정하려 하기보다, 있는 그대로 인정해 주는 것. 그것이 진짜 소통이고, 양육이다.

사랑을 갈망하는 호수 아이 이해하기 ── ◆

호수 성향을 가진 사람은 기본적으로 '사랑'에 대한 갈망이 크다. 이들은 조용한 공간에서 속삭이며 감정을 주고받는 관계, 따뜻한 관심과 애정이 오가는 교류를 소중히 여긴다. 마음 깊은 곳에 "나를 사랑해 줘"라는 욕구를 품고 살아가지만, 정작 그것을 직접적으로 표현하지는 않는다. 대신 짜증을 내거나 예민하게 반응하면서 감정의 결핍을 표현한다.

반면, 에베레스트 성향은 사랑을 감정보다는 행동으로 표현한다. 이들은 말보다 책임을 더 중요하게 여긴다. 그러나 문제는 바로 여기서 발생한다. 호수는 그 사랑을 느끼지 못한다. 눈빛, 언어, 스킨십 등 직접적인 감정 교류를 통해 사랑을 체감하고 싶어하는 호수에게 에베레스트의 방식은 공허하게 느껴진다. 사랑의 양이 부족해서가 아니라, 표현 방식이 달라서 벌어지는 오해다.

엄마는 호수, 아빠는 에베레스트, 그리고 딸 역시 호수 성향인 한 가족이 있었다. 엄마는 아이가 울면 함께 울 정도로 감정적으로 몰입하는 육아를 했다. 그러나 육체적·정서적 피로는 누적되었고, 자연스럽게 남편에게 위로를 기대하게 되었다. 하지만 에베레스트 성향의 남편은 온종일 열심히 일하고 일찍 퇴근한 것만으로 충분히 역할을 다했다고 느꼈다. 아내가 바라는 '말 한마디'나 '따뜻한 눈빛'은 기대하기 어려웠고, 아내는 점점 외로워졌다.

이 갈등은 고스란히 딸에게도 이어졌다. 감정에 민감한 호수 성향의 딸은 아빠에게 따뜻한 말이나 스킨십을 기대했지만, 그런 장면은 드물었다. 엄마와는 다정했지만, 아빠와의 관계는 늘 어색하고 멀었다. 특히, 아빠가 엄마에게만 애정을 표현하고 자신에게는 무관심해 보일 때, 딸은 그 감정적 단절을 고스란히 상처로 받아들였다.

이때, 전환점이 찾아왔다. 아내는 상담을 통해 남편의 성향을 이해하게 되었고, 남편 역시 자신이 감정 표현에 서툴렀다는 사실을 처음으로 자각했다. 그간의 오해가 '의도'의 문제라기보다는 '방식'의 차이였다는 것을 알게 된 것이다.

그래서 제안한 첫 과제가 있었다. "아내에게 사랑을 말로 표현해 보세요." 그 숙제를 받은 남편은 용기를 내어, 아내 직장으로 꽃을 보냈다. 말보다는 행동에 익숙했던 그였지만, 이번에는 말 대신 상징적인 제스처로 감정을 전달해 보려 했던 것이다. 아내는 그 작은 변화에 진심으로 기뻐했고, 남편도 그 반응에 놀랐다. "아, 이렇게 표현할 수 있구나"라는 깨달음이었다.

하지만 예상하지 못한 문제가 있었다. 변화된 부부의 모습이 딸에게 그대로 반가운 장면은 아니었다. 오히려 딸은 분노했다. 자신은 여전히 아빠로부터 감정적 외면을 당하고 있다고 느끼고 있는데, 그런 아빠가 엄마에게 다정하게 꽃을 보내는 모습은 오히려 억울하고 소외감으로 다가온 것이다. '아빠는 여전히 나에게는 무심하면서, 엄마에게만 친절하구나'라는 감정이 들었던 것이다.

아이의 이런 반응은 부모가 미처 예상하지 못했던 부분이었다. 엄마는 단순히 "우리 부부가 행복하면 아이도 행복하겠지"라고 생각했다. 그래서 꽃 선물을 자랑 삼아 아이에게 이야기했지만, 아이는 그 말에 차갑게 반응했다. 자신의 감정은 여전히 해소되지 않은 채 남아 있었기 때문이다.

그렇기에 필요한 조치는 명확했다. 부모가 회복된 모습을 아이에게 갑작스레 보여주는 것이 아니라, 먼저 아이에게 향한 감정적 회복을 시도해야 한다는 점이었다. 아빠는 아내가 아닌 딸을 향한 따뜻한 시선을 매일, 아주 조금씩 보여줘야 했다. 예를 들어, "오늘 어땠어?", "아빠가 너 좋아하는 거 알지?" 같은 짧지만 진심 어린 말 한마디가 아이의 마음을 다시 열 수 있는 열쇠였다.

호수 성향의 아이는 눈을 마주 보고 감정을 나눌 때 안정감을 느낀다. "네가 있어서 엄마는 행복해", "넌 정말 소중한 아이야" 같은 말은 이들에게 정서적 에너지이자 감정의 연료다.

마지막으로, 부모가 호수 성향일 경우 꼭 기억해야 할 것이 있다. 우리의 마음은 외부의 인정만으로는 온전히 채워지지 않는다. 내가 나 자신을 인정하고, 내가 원하는 것을 정확히 알고 표현할 수 있어야 비로소 건강한 감정의 주체가 될 수 있다. 그것이 호수가 어른이 되어가며 반드시 길러야 할 '정서적 근육'이다.

넘치는 에너지를 가진 '활화산' 아이

에너지가 넘치는 활화산 아이와 소통하는 법 ──◆

활화산 성향의 핵심은 '감정의 폭발'이다. 이 기질을 가진 아이는 기쁘면 눈부실 만큼 활력이 솟구치고, 억울하거나 화가 나면 그 감정을 그대로 터뜨린다. 어른이 보기엔 과격해 보일 만큼 진폭이 크지만, 그만큼 솔직하고 에너지로 가득 차 있는 존재다. 흥미로운 점은 이런 기질이 아주 이른 시기부터 드러난다는 사실이다.

내가 세 아이를 키우며 겪은 경험은 이를 극명하게 보여 준다. 둘째와 셋째가 뱃속에서 부드러운 물결처럼 움직였다면, 첫째는 전혀 달랐다. 배 밖으로 발바닥 모양이 비칠 정도로 차고 돌며, 마치 좁은 공간이 답답하다며 탈출구를 찾는 듯했다. 그 강렬한 에너지는 태어난 뒤에도 변함이 없었다. 아이는 늘 뛰어다니고, 높이 오르내리며, 가능한 한 넓은 곳으로 달려 나갔다. 이들에게 '공간'은 단순히 물리적 면적이 아니라 '움직임의 자유' 그 자체다.

이렇게 에너지가 넘치는 아이를 정해진 틀 안에 가두려 들면 반발이 즉각적으로 일어난다. 전통적 양육 방식 즉, '나는 어른이고, 너는 아이니 내 말을 따라야 해'라는 식은 활화산 아이에게 거의 효력이 없다. 명령과 통제가 호출하는 것은 복종이 아니라 저항이다. "하지 마"라는 말이 입 밖에 나오는 순간, 아이의 눈빛에는 이미 반기를 든 기색이 번뜩인다.

활화산 아이가 귀를 기울이는 방식은 따로 있다. 지시 대신 제안을 건네는 것이다. "지금 이걸 당장 해"보다는 "이걸 한번 해보는 건 어때?"라고 물을 때, 아이는 자신이 존중받고 있다고 느낀다. 선택지가 주어지면 스스로 결정하고 움직일 동기가 생긴다. 본능적으로 대등한 관계를 원하기 때문이다.

물론 존중만으로 모든 문제가 해결되지는 않는다. 활화산 아이는 감정을 조절하는 힘이 아직 약하다. 마음이 상하면 분노가 순식간에 치솟고, 그 불꽃은 말보다 행동으로 먼저 튀어나온다. 부모가 그 폭발을 두려워해 억누르거나, 반대로 힘으로 제압하려 하면 상황은 더 악화된다. 감정은 억눌린 채 쌓이고, 결국 더 큰 폭발로 돌아오기 때문이다.

오해도 자주 발생한다. 활발하고 표현력 좋은 모습만 보고 어른스럽다고 착각해 아이에게 과한 책임을 지우기 쉽다. 하지만 활화산 성향의 아이 역시 아직은 미성숙한 아이다. 감정을 표현하는 단어는 풍부할지 몰라도, 감정을 다루는 기술은 여전히 배우는 중이다. 부모가 이를 잊고 어른처럼 대하다 보면, 아이는 감정적 지지 없이 과업만 떠맡는 셈이 된다.

양육 방식은 그래서 균형이 필요하다. 지나치게 강압적이면 아이는 반항하거나 몰래 행동하려 들고, 지나치게 허용적이면 경계를 인식하지 못한 채 위험에 노출된다. 건강한 울타리는 단단하지만 부드럽다. 부모는 "친구 같은 부모"가 되기보다, 아이가 불안을 느낄 때 기댈 수 있는 보호자여야 한다.

결국 활화산 아이를 키우는 지혜는 두 갈래다. 첫째, 아이의 기질을 인정하고 '움직임의 자유'를 충분히 허락하되, 그 자유가 타인과 자신을 해치지 않도록 안전한 환경을 마련해 주는 것. 둘째, 감정을 억누르기보다 아이가 스스로 감정을 다루도록 돕는 것이다. "왜 화가 나니?"라고 묻고 "다른 방법으로 표현해 볼까?"라고 제안하는 과정이 반복될 때, 아이는 점차 감정의 에너지를 관리하는 법을 배운다.

활화산처럼 뜨거운 기질은 위험 요소이자 동시에 큰 잠재력이다. 적절히 방향만 잡아 주면, 그 에너지는 놀라운 창의성과 리더십으로 빛을 발한다. 부모라는 울타리가 견고하면서도 유연할 때, 아이는 자신의 불꽃을 세상을 밝히는 빛으로 바꿀 수 있다.

집에서는 순종, 밖에서는 폭발 ──── ♦

활화산 성향의 아내와 에베레스트 성향의 남편이 있었다. 이들은 부부로 살아가고 있었지만, 서로에 대한 깊은 이해는 부족했다. 표면적으로는 큰 갈등 없이 일상을 유지하고 있었지만, 감정과 생각이 만나지 못한 채 마치 평행선을 걷듯 살아가고 있었다.

활화산 성향은 행동 중심이다. 생각보다 감정이 먼저 솟구치고, 그 감정은 곧바로 행동으로 이어진다. 반면 에베레스트 성향은 생각이 전제되지 않으면 쉽게 움직이지 않는다. 무언가를 하려면 일단 머릿속에서 정리해야 하고, 감정 표현도 마찬가지다. 판단과 숙고가 끝나야 비로소 말이 나온다. 이처럼 정반대의 기질은 일상의 사소한 순간마다 충돌을 일으켰다.

아내는 남편에게 어떤 일을 부탁하며 즉각적인 반응을 기대한다. 하지만 남편은 "생각해 볼게", "조금 이따 할게"라고 말한다. 활화산 아내는 이런 말을 게으름이나 무시로 받아들인다. 결국 말의 의도는 왜곡되고, 서로의 감정은 점차 멀어진다. 아내는 존중받지 못한다고 느끼고, 남편 역시 무시당한다고 여긴다. 에베레스트는 특히 자신이 존중받지 못한다고 느끼는 순간 깊은 분노를 경험하지만, 그것을 겉으로 드러내지 않는다. 대신 말없이 거리를 두고, 대화를 줄이며, 서서히 관계에서 빠져나온다.

그러는 사이, 부부 간의 대화는 사라졌다. 감정을 털어놓을 상대가 없어진 아내는 감정의 출구를 아이에게 향하게 했다. 말이 통하지 않는 남편 대신, 아이가 자꾸 눈에 들어오기 시작했다. 아이는 엄마의 감정이 집중되는 대상이 되었고, 그로 인한 긴장과 억압을 그대로 감내해야 했다.

이 가정에서 자란 아이 역시 활화산 성향을 지니고 있었다. 감정이 복잡한 부모 사이에서, 아이는 일찍부터 긴장을 배웠다. 말 한마디, 눈빛 하나에도 민감하게 반응하고, 부모의 기분을 읽으며 자신을 조심스럽게 조율했다. 활화산 성향의 아이는 감정을 억누르기보다는 밖으로 드러내는 기질이 강하다. 하지만 반복되는 억압과 통제로 인해, 감정 표현은 왜곡되기 시작했다.

이 아이는 명령이나 지시에 민감하게 반응한다. 단순한 심부름도 명령조로 들리면 거부감이 먼저 올라온다. "왜 나한테 시켜?"라는 마음이 먼저 생기고, 자기도 모르게 버럭하거나 무시하게 된다. 스스로를 주도적인 존재로 느끼는 이 성향은, 존중을 받지 못하는 순간 곧장 저항으로 이어진다.

문제는 이 아이가 집에서는 얌전하고 말 잘 듣는 것처럼 보일 수 있다는 점이다. 겉으로는 순응하지만, 내면에는 억눌린 감정이 차곡차곡 쌓인다. 그리고 이 감정은 다른 공간에서 폭발한다. 친구들 사이에서 통제 욕구가 강하게 나타나고, 자신을 따르지 않으면 관계를 끊기도 한다. 누군가를 따돌리거나 무리에서 배제하는 행동으로 이어지는 경우도 적지 않다.

부모는 아이가 '문제 없는 아이'라고 착각하기 쉽다. 하지만 실상은 다르다. 부모와의 관계에서 내면을 닫은 채, 복종하는 듯 행동하면서도 속으로는 이미 마음이 멀어진 상태일 수 있다. 이런 아이는 독립 시기가 다가올수록 더 큰 반항으로 돌아설 가능성이 높다. 스스로 존재감을 찾기 위해 점점 더 외부에서 과한 방식으로 자신을 증명하려 하기 때문이다.

이 모든 과정의 출발점에는 부모의 감정 구조가 있다. 특히 활화산 성향의 엄마가 같은 성향의 아이를 키우는 경우, 갈등의 강도는 더욱 커진다. 문제는 대부분의 활화산 부모가 자신의 감정 문제를 인식하지 못한다는 데 있다. 자신이 기준이 되고, 타인의 조언은 간섭처럼 느껴지며, "내 방식이 옳다"는 신념을 쉽게 내려놓지 않는다.

이런 태도는 결국 변화의 기회를 막는다. 감정을 조절하지 못하는 부모는 아이의 감정 역시 조절하지 못하게 만든다. 결국 서로의 감정이 부딪히고 터지는 일이 반복되고, 갈등은 일상이 된다.

활화산 성향의 부모가 아이와 건강한 관계를 맺기 위해서는, 자신의 감정을 먼저 들여다보아야 한다. "나는 왜 이렇게 화가 날까?", "지금 내 감정은 아이 때문일까, 아니면 다른 문제에서 비롯된 걸까?" 같은 질문을 던지며 내면을 성찰하는 것이 출발점이다. 자기 방식만을 고집하면 아이의 감정은 계속 억눌리고, 결국에는 부모 자신도 그 관계를 감당하기 어려워진다. 변화는 결국 부모로부터 시작된다. 감정적 성찰 없이는 그 어떤 양육 기술도 소용없다.

활화산 아이 양육의 핵심은 존중과 대화 ──── ♦

활화산 성향의 부모는 감정을 순간적으로 표출하는 경향이 강하다. 참기보다 먼저 터뜨리고, 말한 뒤에 후회하는 일이 반복된다. 아이에게 화를 낸 후에는 늘 자책이 남는다. "그때 참았어야 했는데", "너무 몰아붙였던 건 아닐까?" 하는 생각이 머릿속을 맴돈다. 하지만 그렇게 후회하면서도 또다시 같은 방식으로 감정을 표현하곤 한다. 분노는 다시 후회를 낳고, 그 후회는 또 자기 자신을 향한 분노로 바뀌며 악순환을 만든다.

이러한 구조는 활화산 성향의 사람들에게 흔하게 나타나지만, 부모라면 자신의 감정이 자녀에게 미치는 영향을 인식하는 것이 매우 중요하다. 하지만 많은 경우, 활화산 성향의 부모는 도움을 청하지 않는다. 자신만의 방식이 옳다고 믿고, 외부의 조언에 쉽게 귀를 기울이지 않기 때문이다. 누군가가 문제를 지적하면 '자기나 잘하지'라는 반응이 먼저 떠오른다. 이런 태도는 변화의 기회를 놓치게 만든다. 변화를 위해 필요한 것은 단순한 지식이 아니다. 감정이 터져 나오는 그 순간, 스스로를 바라볼 수 있는 훈련이 필요하다. 활화산 성향의 부모에게는 특히 이론 중심의 교육보다, 자신의 반응을 직접 마주하고 감정을 다루는 실전 경험이 중요하다.

한편, 활화산 성향의 자녀는 에너지가 강하고 명확하다. 주도성이 뛰어나고, 자기표현이 분명하며, 감정의 움직임이 뚜렷하다. 많은 부모는 이러한 모습을 '야무지다'거나 '자기 주장이 강하다'고 긍정적으로 해석한다. 특히 순종적인 아이보다 이렇게 표현이 강한 아이가 낫다고 여기기도 한다. 그러나 그 강한 에너지가 타인을 지배하거나 상처 주는 방식으로 표현된다면, 그것은 단순한 야무짐이 아니라 왜곡된 권력 의식으로 이어질 수 있다. 이 점을 놓치면 아이의 성장 과정에서 중요한 균형이 무너질 수 있다.

특히, 활화산 성향의 부모가 활화산 성향의 자녀를 양육할 때 갈등은 쉽게 증폭된다. 부모의 감정이 아이에게 투사되고, 아이 역시 감정으로 반응하기 때문이다. 이러한 상황에서는 부모가 먼저 감정 조절을 배우지 않으면 아이는 반복적으로 다치게 되고, 결국 마음을 닫는다. 부모는 아이가 말 안 듣는다고 느끼지만, 실상 아이는 이미 상처를 입은 채 관계를 단절하고 있을 수 있다.

그렇다면, 활화산 성향의 아이를 어떻게 대해야 할까? 핵심은 '존중'이다. 이 성향의 아이는 자신의 말과 감정이 존중받고 있다고 느낄 때 마음을 연다. "지금 먹어" 대신 "이런 음식을 준비했는데, 어떤 게 좋을까?"라고 배려하는 듯한 대화가 필요하다. 부모가 먼저 존중의 언어를 사용하면 아이도 자신이 소중한 존재로 여겨지고 있음을 느낀다.

이러한 존중은 단발성으로 끝나서는 안 된다. 일관성이 가장 중요하다. 평소엔 함부로 대하다가 갑자기 따뜻한 말투로 대하면 아이는 혼란스러워하고, 오히려 불신을 느낄 수 있다. 존중의 태도는 지속적으로 유지되어야 아이의 감정에도 안정감이 생긴다. 관계에 있어 신뢰는 반복과 일관성을 통해 쌓인다.

일상에서도 아이와의 대화 방식은 '지시'보다 '의논'에 가까워야 한다. 단순히 "지금 뭐 좀 해라"는 말보다 "이걸 같이 해볼까?"라고 제안하는 방식이 아이에게 훨씬 긍정적으로 다가간다. 활화산 성향의 아이는 누군가 자신을 위해 애썼다는 것을 민감하게 감지한다. 감정을 공유하고, 선택권을 주는 방식이 이 아이에게는 무엇보다 중요하다.

　활화산 성향의 아이는 강한 자아와 고유한 생각을 지니고 있다. 그만큼 외부로부터 통제를 받는 것을 견디기 힘들어한다. 일방적인 틀이나 규범을 강요하면 반발심만 키우게 된다. 따라서 아이의 생각과 감정의 결을 맞추며 함께 대화하고, 함께 규칙을 만들어 가는 방식이 필요하다.

잔소리로는
아이를 키울 수 없다

우리는 흔히 아이가 자신이 바라는 방향대로 성장하고 있는지를 기준으로 양육의 성패를 가늠하곤 한다. 하지만 아이는 부모의 생각대로만 자라는 존재가 아니다. 아이는 고유한 세계를 가진 한 사람이며, 각자의 속도로 자란다. 부모가 해줄 수 있는 가장 중요한 일은, 아이가 스스로 생각하고 스스로 깨달아갈 수 있도록 옆에서 지지해주는 것이다.

그럼에도 불구하고 우리는 여전히 '가르쳐야 한다'는 강박에 사로잡혀 있다. 나의 방식, 기준, 스타일이 옳다고 믿고, 그 틀에 아이를 맞추려 한다. 말하지 않으면 불안하고, 알려주지 않으면 아이가 잘못될까 두렵다. 그래서 우리는 계속 말한다. "바르게 앉아야지", "친구에게는 친절하게 대해", "밥 먹을 때는 깨끗하게 먹어야지" 마치 한 치의 빈틈도 없이 규칙을 입력하듯, 끊임없이 지시하고 교정하려 한다.

　나 역시 그런 부모였다. 첫째 아이를 키우며 유치원 때부터 규칙적이고 예의 바른 아이로 키우기 위해 무던히 애썼다. 하지만 단 한 번도 선생님에게서 "아이가 참 바르다"는 말을 들어본 적이 없었다. 아이를 '교육'하고 있다고 생각했지만, 그건 결국 '지적'과 '통제'에 가까웠다. 아이가 조용히 있지 않으면 "집중 좀 해!", 친구에게 먼저 다가가지 않으면 "왜 그렇게 소극적이야"라고 다그쳤다. 그렇게 끊임없이 가르치고 훈육하고 알려줬지만, 돌아온 건 아이의 변화가 아니라 나의 좌절뿐이었다.

　그 과정에서 문득 깨닫게 된 것이 있다. 단순히 참는 것과 인내하는 것은 다르다는 사실이다. '참는 것'은 그저 감정을 억누르고 버티는 것이다. 아이의 행동이 못마땅해도, 남편의 태도가 마음에 들지 않아도, 감정을 드러내지 않기 위해 꾹 눌러두는 상태가 바로 '참음'이다. 그러나 '인내'는 다르다. 인내는 상대가 나와 다르다는 사실을 받아들이는 데서 시작된다. 나와 아이가, 나와 배우자가 얼마나 다른 사람인지 인정하고, 그 다름을 이해하려는 노력을 기울이는 과정이 바로 인내다. 그리고 그 인내는 결국, 분명한 열매를 맺는다.

　나의 경우, 첫째 아이와의 관계 속에서 그 '다름'을 받아들이기까지 꽤 오랜 시간이 걸렸다. 아이가 중학교에 들어가자, 나는 마침내 아이가 나와는 다른 존재라는 사실을 인정하게 됐다. 그 전까지는 매사에 간섭하고, 하나하나 교정하려 애썼다. 말하지 않고는 견딜 수 없을 정도로, 고치고 싶은 부분이 많았다. 그런데 어느 순간부터, 말을 멈추게 되었다. 당시에는 그것이 참음인지 인내인지 명확하지 않았다. 분명한 건 무척 힘들었다는 점이다. 말해주고 싶은 욕구를 눌러가며 아이를 바라보는 시간은 결코 쉽지 않았다.

그렇게 몇 해가 지나자, 놀라운 변화가 찾아왔다. 고등학교 시절부터였다. 그동안 한 번도 듣지 못했던 말들을 듣기 시작했다. 담임선생님뿐만 아니라 교장선생님까지 나서서 아이를 칭찬하기 시작했다. "아이의 인사성이 참 바르다", "친구들과도 사이가 좋고, 열심히 공부하려는 태도가 훌륭하다"라는 말을 들을 때마다, 깊은 감동을 느꼈다.

생각해보면, 온 힘을 다해 아이를 '가르치려' 했던 시기에는 오히려 아이가 나의 기대에 부응하지 못했다. 하지만 내가 아이를 있는 그대로 인정하고, '말하지 않음'으로써 아이의 마음을 존중해준 순간부터 변화가 시작된 것이다. 내가 말하지 않았던 그 시기, 바로 그 인내의 시간들이 아이를 성장하게 만든 것이다.

우리는 아이를 바르게 키워야 한다는 강박, 부모로서 뭔가를 꼭 전달해야 한다는 사명감, 그 속에서 우리는 끝없는 잔소리와 비난의 말을 쏟아낸다. 아이는 그 말들이 사랑에서 비롯된다는 걸 알까? 그렇지 않다. 아이에게는 그 모든 말이 비난으로 들린다. 단언할 수 있다. 0.001%의 예외도 없이, 잔소리와 비난으로 아이가 훌륭하게 성장하는 일은 결코 일어나지 않는다.

물론 겉으로 봐선 말을 잘 듣는 아이들도 있다. 성격이 온순하고 유순한 아이들, 말없이 부모의 지시를 따르는 아이들. 하지만 아이들은 종종 내면에 감정을 억누르고 산다. 겉으론 순종하지만, 그 억눌린 감정은 훗날 전혀 다른 방식으로 터져 나온다. 결혼 후 후회하거나, 어른이 되어 부모와의 관계에서 정서적으로 멀어지거나, 예상하지 못한 문제를 겪는 경우가 많다.

감정을 바깥으로 터뜨리는 아이는 오히려 건강한 편일 수 있다. 초등학교, 중고등학교 시절에 이미 부모와의 갈등을 겪고 표출할 수 있는 아이는, 그만큼 자기감정에 솔직한 것이다. 반면 조용히 내면에 쌓아두는 아이는, 겉으론 아무 문제가 없어 보여도, 시간이 지난 뒤에 더 큰 문제로 나타나는 경우가 많다.

그래서 이 책을 읽는 독자분들이 꼭 기억해 주셨으면 한다. 아이는 우리가 원하는 틀에 맞춰 자라는 존재가 아니다. 아이는 저마다의 리듬과 성향을 따라, 때로는 천천히, 때로는 삐뚤빼뚤하게 성장해간다. 진짜 부모의 역할은 그 속도를 조급하게 재촉하는 것이 아니라, 그 시간과 감정을 함께 견디고 기다려주는 데 있다. 참는 것이 아니라 인내함으로써, 아이와의 관계 안에서 조금씩 함께 자라나는 것. 그것이 결국, 아이를 위한 길이자 부모 자신을 위한 길이기도 하다.

지금 이 순간에도 흔들리고 있을 누군가의 양육 여정을 위로하고 싶다. 그 여정은 결코 혼자가 아니다. 우리 모두, 부모가 되어가는 길 위에 함께 서 있다.

✦ *Epilogue* ✦

결혼, 다름을 마주하며
함께 성장하는 여정

많은 사람이 결혼을 통해 사랑받고, 안정되며, 행복해지기를 기대한다. 하지만 실제 결혼 생활은 우리가 감추고 있던 내면의 외로움, 결핍, 상처, 무력감 같은 감정을 오히려 더 선명하게 드러낸다. 결혼은 단순한 동거가 아니라, 서로의 깊은 내면을 마주하게 되는 강력한 장치다.

결혼 전에는 자신을 꽤 괜찮은 사람이라 여겼던 이들도, 결혼 후에는 스스로의 부족함과 취약한 면을 직면하게 된다. 그것은 누군가의 잘못이라기보다, 결혼이라는 관계가 인간 내면의 민낯을 자연스럽게 드러내는 구조이기 때문이다.

결혼생활에서 반복되는 갈등은 '상대를 고치는 일'이 아니라 '자신을 이해하는 일'로 이어져야 한다. 상대의 말과 행동에 내가 왜 그렇게 반응하는지를 들여다보면, 그 안에 내가 감추고 있던 오래된 상처와 불안이 숨어 있음을 알게 된다. 그렇게 결혼은 자기 성찰과 치유, 그리고 성숙을 위한 과정이 된다.

결혼은 함께 걸어가는 여정이다. 동반자로서 서로의 삶에 발을 맞추는 관계, 그것이 결혼의 본질이다. 하지만 이 발맞춤은 결코 쉽지 않다. 한 사람은 토끼처럼 빠르게 움직이고, 다른 한 사람은 거북이처럼 천천히 걷는다. 실제로 많은 부부가 이처럼 속도 차이를 겪는다. 토끼는 거북이의 느림에 답답함을 느끼고, 거북이는 토끼의 재촉에 지친다. 기다림이 어려운 토끼와 전력 질주가 버거운 거북이가 함께 걷기 위해서는, 서로의 속도를 인정하고 조율하는 노력이 필요하다. 결국 관계의 본질은 '함께 간다'는 데에 있으므로, 조율 없는 동행은 오래가기 어렵다.

어느 부부는 30년을 함께 살고도 결국 이혼했다. 할아버지는 닭다리를 좋아했고, 할머니는 닭날개를 좋아했다. 그런데 이들은 서로에게 사랑을 표현한다고 생각하며, 자기가 좋아하는 부위를 상대에게 주었다. 할아버지는 자신이 가장 좋아하는 닭다리를 아내에게 건넸고, 할머니도 자신이 좋아하는 닭날개를 남편에게 내어줬다. 그런데 이혼을 앞두고 두 사람이 주고받은 마지막 말은 이랬다. "당신은 내가 닭다리를 좋아하는 걸 알면서도, 한 번도 나한테 닭다리를 준 적이 없어." "당신도 마찬가지야. 난 닭날개를 좋아하는데, 한 번도 그걸 나한테 준 적이 없어." 서로가 원했던 건, 상대가 자신이 원하는 것을 알아주고, 그 방식으로 사랑을 표현해 주는 것이었다. 하지만 그들은 자신이 주고 싶은 방식으로만 사랑을 베풀었다. 그것이 오히려 상처가 되었다.

마치 서로를 사랑하는 소와 사자가 상대방을 위해 가장 정성스러운 아침을 대접하는 우화와 같은 상황이다. 소는 아침 일찍 일어나 들판의 이슬 맺힌 풀을 정성스럽게 모아 사자에게 건넨다. 자신이 먹고 싶었지만 꾹 참고 아끼던 것을 내어준 것이다. 반면 사자는 피가 뚝뚝 떨어지는 신선한 고기를 구해와 소에게 준다. 그런데 소는 고기를 먹지 못하고, 사자도 풀을 원하지 않는다. 서로의 선의가 사랑이 되지 못하고, 부담이 되고, 결국 상처가 된다.

사람들은 종종 이렇게 말한다. "나는 정말 최선을 다했어. 내 모든 것을 너에게 줬어." 하지만 정작 상대는 그것을 '사랑'으로 느끼지 못하는 경우가 많다. 그렇게 어긋난 마음이 쌓이다 보면, 어느 순간 관계는 멀어지고, 결국 끝나버리기도 한다. 관계에서 중요한 것은 내가 주고 싶은 사랑을 주는 것이 아니라, 상대가 원하는 방식으로 사랑을 건네는 것이다.

자신은 최선을 다하고 있다고 생각해도 그 마음이 과연 상대에게 제대로 전달되고 있는지 돌아볼 필요가 있다. 내가 충족되지 않았다고 느끼는 감정 역시, 그 사랑이 부족해서라기보다는 기대와 방식의 차이 때문일 수 있다는 점을 기억하자.

결혼은 단지 행복을 얻기 위한 도구가 아니다. 오히려 서로를 성장시키는 과정이며, 행복은 그 여정에서 자연스럽게 따라오는 부산물이다. 이 사실을 받아들이는 순간, 갈등도 더 이상 두렵지 않다. 갈등은 끝이 아니라, 더 깊은 이해와 친밀감으로 나아가는 출발점이 될 수 있다.

결국 결혼은 심리적으로, 정서적으로, 경제적으로 서로에게 힘이 되는 관계여야 한다. 단기적인 감정의 선택이 아니라, 장기적으로 함께 살아갈 삶을 함께 만들어가는 과정인 것이다. 그 과정을 건강하게 지속하기 위해서는 서로의 성향을 이해하고 존중하는 일이 반드시 필요하다. 각자의 성향을 이해할 때, 비로소 진짜 도움이 되는 방식으로 사랑을 주고받을 수 있고, 그 안에서 우리는 함께 성장하며 관계 또한 더 깊어진다.

부부관계 수업

ⓒ정다원

초판 1쇄 인쇄 2025년 8월 18일

지은이 정다원
편집인 박수인
디자인 김지혜
마케팅 정호윤, 김민지
펴낸곳 모티브
이메일 motive@billionairecorp.com

ISBN 979-11-94600-57-2 (03330)

파본은 구입하신 서점에서 교환해 드립니다.
이 책은 저작권법에 의해 보호를 받는 저작물이기에 무단 전재와 복제를 금합니다.